Manual para los líderes laicos de hoy

- *Respondiendo al llamado de guiar a los demás*
- *Colaboración, comunión y comunidad*
- *Consejos prácticos para desarrollar habilidades de liderazgo*

ANTONIO RAMÍREZ DE LEÓN

LIBROS LIGUORI
One Liguori Drive ▼ Liguori, MO 63057-9999

Imprimi Potest:
Harry Grile, CSsR
Provincial de la Provincia de Denver
Los Redentoristas

Publicado por Libros Liguori
Liguori, MO 63057-9999
Para hacer pedidos llame al 800-325-9521.
www.librosliguori.org

Library of Congress Cataloging-in-Publication Data
Ramirez, Antonio, PhD.
  Manual para líderes laicos de hoy / por Antonio Ramirez.
    p. cm.
  ISBN 978-0-7648-2048-9
  1. Lay ministry—Catholic Church. 2. Christian leadership—Catholic Church. I.
Title.
  BX1920.R35 2011
  248.8'9—dc23

2011029976

Las citas bíblicas son de *La Biblia Latinoamericana: Edición Pastoral* (Madrid:
San Pablo, 2005). Usada con permiso.

Traducción al español del *Catecismo de la Iglesia Católica: Modificaciones basadas en
la Editio Typica*, © 1977, United States Catholic Conference, Inc.—Libreria Editrice
Vaticana. Usado con permiso.

Libros Liguori, una corporación sin fines de lucro, es un apostolado de los
Padres y Hermanos Redentoristas. Para más información, visite Redemptorists.com.

Impreso en Estados Unidos de América
15 14 13 12 11 / 5 4 3 2 1
Primera edición

ÍNDICE

Capítulo 1

Capítulo 2

Capítulo 3

TERMINOLOGÍA

¿Quiénes son los laicos de hoy?

El laico, en la Iglesia Católica, es aquel que ha sido incorporado a Cristo por el bautismo, excepto los miembros del orden sagrado y del estado religioso reconocido por la Iglesia. (Catecismo de la Iglesia Católica #897). En este sentido, el laico o laicado no es algo simplemente secular, temporal y no religioso, como a veces se entiende cuando decimos "educación laica". Más bien, al referirnos a los laicos en este libro, estamos hablando de todos aquellos miembros bautizados de la Iglesia que no son obispos, sacerdotes, diáconos o religiosos. Por lo tanto los laicos constituyen, y por mucho, la gran mayoría del Pueblo de Dios. Desgraciadamente, durante siglos al laico no se le reconocía o permitía ser miembro indispensable de la pastoral de la Iglesia. En cierta forma se le consideraba menos que los llamados al orden sagrado o a la vida religiosa. No fue sino hasta el Concilio Vaticano II, donde se recuperó la noción bíblica de Iglesia como todo el Pueblo de Dios. Esta noción concede a todos los miembros la misma dignidad.

De esta forma, los laicos participan de la misma misión de Cristo Sacerdote, Profeta y Rey.

A partir del Vaticano II surgió una multitud de movimientos y asociaciones de laicos que fueron reconocidos por la jerarquía de la Iglesia. Más aún, desde entonces se ha ido motivando a los laicos a tomar parte activa en la pastoral de las Diócesis y las Parroquias. Al laico le corresponde la difícil tarea de balancear su misión temporal y su misión intra-eclesial. Por misión temporal se entiende la transformación de las estructuras sociales, de las cuales hablaremos mas adelante en este manual. Por ahora nos enfocaremos en el laico de hoy y en su misión dentro de la vida pastoral de la Iglesia, en particular, dentro de las Diócesis y las Parroquias.

Cierto día escuché decir a un sacerdote teólogo católico, el P. Alfonso Navarro MSpS, que de cada cien católicos en Latinoamérica, sólo diez acudían a misa el domingo. ¡Claro! Habría que cuestionar cuántos de esos diez asistían a la misa con conciencia y por amor, y cuántos estaban ahí por obligación, miedo o superstición. Recuerdo que cuando era pequeño escuchaba de mi abuelita y de muchos sacerdotes que si no iba a misa el domingo, "¡Diosito me iba a castigar!" Es interesante que al preguntar a los católicos acerca de la Biblia, muchos son incapaces de citar pasajes bíblicos de memoria. Sin embargo, si se les pide terminar la siguiente frase: "Si no vas a misa el domingo, Diosito _____", la mayoría pueden terminarla de memoria diciendo nuevamente: "Diosito *te va a castigar*". Muchos de nosotros quizá sonreímos recordando aquellas palabras, pero si profundizamos en el tema, es triste ver cómo pudimos hacer de Dios un tirano al cual debemos temer, en lugar del Dios de Amor que es y que Jesús nos enseñó.

Regresando a nuestro tema, aquel sacerdote nos decía que sólo diez de cada cien bautizados iban a misa. Ahora bien, de esos diez, nos preguntábamos, "¿cuántos están ahí por amor y convicción y participan activamente en la pastoral de la Iglesia?" El porcentaje entonces ¡baja a 1 por ciento! Es decir, sólo uno de cada cien fieles (laicos) católicos vive con plenitud su compromiso bautismal. ¿Recuerdan la parábola de las cien ovejas? Pues es la misma historia, sólo que contada al revés. Hay una oveja dentro y noventa y nueve fuera. Las estadísticas son mejores en los Estados Unidos. Algunos afirman que hasta un 40 por ciento asiste a la liturgia dominical y un porcentaje aún mayor participa en algún servicio o ministerio. Es muy probable que antes del Vaticano II, la participación de los laicos en la pastoral de la Iglesia en los Estados Unidos o en otras partes del mundo, no llegara siguiera al uno por ciento.

Afortunadamente, el Espíritu Santo siempre está activo. Hoy en día muchos laicos son llamados a participar en la misión de la Iglesia; y muchos obispos y sacerdotes se regocijan al ver a tantos laicos queriendo servir en las comunidades diocesanas y parroquiales. Más aún, sin los laicos de hoy la Iglesia no podría llevar a cabo su misión. Por lo tanto, el laico de hoy es indispensable para la construcción del Reino de Dios. Por esta razón, los obispos han escrito varios documentos en apoyo al ministerio laical en la Iglesia de hoy. De esos documentos hablaremos mas adelante, por ahora nos enfocaremos en des-cribir cuáles son las funciones del laico en la Iglesia de hoy.

Tipos de liderazgo en la parroquia

Veamos cómo ha sido el liderazgo dentro de las Parroquias tradicionales de hace algunos años. Intenten recordar quién tomaba las decisiones en su Parroquia, quién dirigía las cele-braciones, enseñaba catecismo, daba la comunión y visitaba a los enfermos. Estoy hablando del tiempo de nuestros padres y abuelos. Seguramente, en la mayoría de nuestras experiencias, eran los sacerdotes y las religiosas quienes se encargaban de la mayor parte de los servicios parroquiales. En esos años, el papel del laico era totalmente pasivo y receptivo (uno iba a "oír" misa, dependiendo de qué sacerdote fuera a "decir" la misa). El laico oía y el clero decía. Una Iglesia totalmente clerical y un laicado en buena parte adormecido, ¿no creen?

Gracias a Dios hoy en día vemos algo muy diferente. En las Parroquias nos encontramos con un gran número de nuevos líderes, en su gran mayoría laicos, que se encargan de llevar las asambleas de oración, la catequesis infantil, la pastoral juvenil, lectores y ministros extraordinarios de la Eucaristía y muchos otros servicios y ministerios. ¿Cómo es que surgen estos líderes? Indudablemente todo esto es acción del Espíritu Santo que mueve tanto a los sacerdotes y religiosos como a los laicos a colaborar en la misión de la Parroquia.

La presencia y participación del laico en básicamente todos los aspectos pastorales e inclusive litúrgicos, se ha hecho indudablemente visible. Esto nos lleva a confirmar que la Iglesia como Pueblo de Dios no existe sólo en la teoría, sino que es en verdad un hecho. En este sentido, inclusive la noción de lo que implica el liderazgo en la Iglesia ha sido también transformada.

Como parte de esta transformación eclesial, el laico ha venido a tomar un papel de liderazgo que ahora resulta indispensable. Para que esto pudiera ser posible la jerarquía eclesial, sin lugar a dudas, no sólo ha sido partícipe sino incluso, de muchas maneras, una gran promotora. A fin de cuentas, sin el apoyo y la promoción de la jerarquía, la noción de liderazgo en el laicado no hubiera sido posible. Un ejemplo de ello es aquel liderazgo directamente escogido por el párroco. El párroco percibe un cierto carisma del Espíritu en un laico particular y le invita y guía para que ejerza algún tipo de liderazgo en un área ministerial.

Sin embargo, el liderazgo del laicado ha venido también dándose de otras formas. Por ejemplo, también surgen líderes laicos por medio del llamado de la comunidad, la cual discierne los talentos y carismas de alguno de sus miembros. En la Parroquia donde yo trabajo, los miembros de las diferentes liturgias dominicales designan a alguna persona que regularmente asiste a esta misa específica para ser parte del Consejo Pastoral. Después, todos los asistentes de las misas votan por aquel laico que quieren que los represente en el Consejo. En este sentido de participación laical, es la comunidad la que ve y llama al futuro líder parroquial. Asimismo, el Espíritu Santo actúa por medio de la comunidad para hacer surgir a sus líderes laicales.

Por último, hay algunos laicos que, dada su experiencia profesional o su educación, valientemente se ofrecen para servir en algún ministerio o servicio dentro de la Parroquia. Muchas veces aparecen anuncios en el periódico de la Diócesis o anuncios en el boletín parroquial donde se ofrecen posibilidades de trabajo o de servicio. Muchos laicos responden a esta invitación y, movidos por el Espíritu Santo, se presentan a su entrevista con los líderes responsables. Por lo tanto, el liderazgo en la Iglesia como Pueblo de Dios, nace de la acción del Espíritu Santo a través del párroco, la comunidad y el llamado personal.

La transformación de la Iglesia en Pueblo de Dios se ha ido cristalizando en éstas y muchas otras formas, en la medida en que los laicos nos hemos ido involucrando en la pastoral. De esta manera, el liderazgo laical trabaja en colaboración y bajo la autoridad del párroco y dentro de las Parroquias. En última instancia, es el Espíritu Santo quien no sólo nos ha venido enseñando lo que significa ser Iglesia, sino también nos ha mostrado el camino para que la participación laical sea ya la realidad del Pueblo de Dios. La participación laical en la Iglesia tradicionalmente se ha dado como parte de los ministerios laicales.

Los ministerios laicales

¿Cuáles son estos ministerios laicales dentro de las Diócesis y Parroquias? Primero, es importante distinguir entre ministerio y servicio. Los servicios en la Parroquia normalmente son temporales y variables. Es decir, un servicio se da por un tiempo limitado. Por ejemplo, un laico puede servir como director de un retiro parroquial, pero esto no significa que siempre será director de estos retiros. Este laico puede, en otra ocasión, desempeñar otro tipo de servicio, como podría ser el de coordinar los alimentos para el retiro.

Los ministerios, en cambio, son más duraderos y requieren un proceso de discernimiento más estricto. Todos los laicos están llamados a dar algún tipo de servicio en la Parroquia, en alguna de las áreas ministeriales. Otros, no todos, son llamados a servir establemente como ministros laicos.

Las áreas ministeriales que son permanentes y siempre deben existir en toda Parroquia, corresponden a las diferentes dimensiones de la misión de la Iglesia. De esta forma, la Iglesia continúa la misión de Cristo, la cual tradicionalmente se divide en profética, sacerdotal y real.

Dimensión Profética (*Profecía*)- Ministerio de la Palabra
Dimensión Sacerdotal (*Liturgia*)– Ministerio de la Liturgia
Dimensión Real – Ministerio de Comunión (*Koinonía*) y Acción Social (*Diakonía*).

En la práctica, estas dimensiones se concretan en la Parroquia al implementar áreas ministeriales esenciales:

Evangelización, Catequesis, Liturgia, Comunidades y Acción Social; mientras que la teología y homelética corresponden al ministerio ordenado o al ministerio profesional. Dentro de estas funciones, el laicado se hace totalmente partícipe en cada uno de estos ministerios.

Por otro lado, también se aconseja que las Parroquias tengan ciertos ministerios que se concentren en dar algún tipo de servicio especializado para cubrir las necesidades de destinatarios particulares. Por ejemplo, es importante que las Diócesis y las Parroquias tengan pastoral juvenil, pastoral familiar, pastoral para la tercera edad y pastoral para los enfermos.

Por último, siempre son necesarias áreas ministeriales de apoyo administrativo, tales como el consejo de finanzas, la secretaría y la administración. De otra forma la Iglesia no sería Pueblo de Dios sin estos ministerios laicales, en los cuales, líderes llamados por el Espíritu Santo, bajo el discernimiento del pastor y la comunidad, se encargan de servir como líderes en las áreas ministeriales. Lo que hemos mencionado hasta aquí es lo que da forma a lo que se podría considerar como el tronco principal del árbol del Pueblo de Dios. En él se da una multitud de oportunidades para diferentes tipos de voluntariado, los cuales materializan parte de lo que son los servicios laicales.

Voluntarios

Jesús dice: "Ustedes no me eligieron a mí; he sido yo quien los eligió a ustedes y los preparé para que vayan y den fruto y ese fruto permanezca" (Juan 15:16). Al decir esto, Jesús convoca a todo el Pueblo de Dios, obispos, sacerdotes, diáconos, religiosas, religiosos y laicos para que todo lo que hagamos, lo hagamos verdaderamente juntos, como Pueblo y así, al hacerlo, nuestro fruto sea permanente. Tres puntos son importantes: es Jesús quien nos escoge; nos pide que vayamos juntos a dar fruto y, así, que el fruto que intentamos fomentar sea permanente y no meramente temporal. Incluido en esta propuesta, Jesús escoge al laicado para que vaya y dé fruto permanente por medio del voluntariado, el cual incluye un sinfín de servicios.

En este sentido, todo laico que se ha encontrado con Jesús Resucitado, se convierte en un testigo lleno del Espíritu Santo. Es interesante constatar que muchos católicos se asombran al escuchar o saber que una persona puede encontrarse con Cristo. El encuentro vivo con Cristo es algo que se debe experimentar y que cada persona experimenta de diferente forma. ¡Es realmente una experiencia transformante! De la misma forma en que las personas eran sanadas y transformadas cuando se acercaban a Jesús en los Evangelios, la gente es sanada y convertida el día de hoy. Sólo entonces uno puede dar testimonio y decir, "¡Jesús esta realmente vivo, yo lo he encontrado, Él me ha cambiado!".

Este encuentro y efusión del Espíritu compromete al laico a cumplir con ciertos compromisos. Por ejemplo, ese laico está llamado a dar un diezmo (diez por ciento) de su tiempo al servicio de la pastoral de la Iglesia. Enfatizo, un diezmo de su tiempo (y no necesariamente de su ingreso). Lo que importa aquí es, como dice Jesús, la entrega personal, la cual hace que el fruto sea permanente. Es decir, a todos los bautizados se les invita a comprometerse en algún tipo de servicio voluntario dentro de la Parroquia.

Ahora bien, ¿cuáles son estos servicios de voluntariado? Existen tantas posibilidades de servicios en las Parroquias y Diócesis, que no alcanzaríamos a nombrarlas todas. En cierta forma, dependiendo del tamaño de la Parroquia y de la pastoral que la Parroquia lleve, se van creando servicios para el apoyo de las diferentes áreas ministeriales. Normalmente pensamos en los servicios más comunes en casi todas las Parroquias, como son los que se ejercen dentro de la liturgia dominical y la catequesis infantil. Dentro de la liturgia, los laicos pueden servir en el ministerio de la música, como lectores, en los servicios de hospitalidad y como ministros extraordinarios de la comunión, simplemente por mencionar algunos. Además, siempre hacen falta más catequistas y voluntarios en la catequesis infantil.

En parroquias más grandes y con una pastoral evangelizadora, la cual se explicará mas adelante, existen muchas necesidades de voluntarios (servidores) en multitud de áreas. Podemos mencionar como ejemplo, las misiones evangelizadoras, el visiteo de las casas, la coordinación de pequeñas comunidades, evangelizadores, catequistas para adultos, equipo del Rito de Iniciación Cristiana para Adultos (o la RICA), visi-teo de los enfermos, pastoral para las personas de la tercera edad, equipos de retiro y muchos más servicios (ver apéndice A – Ejemplo de una lista de servicios parroquiales). Todos estamos llamados por Jesús, como Pueblo de Dios y Cuerpo de Cristo, a ser voluntarios laicos al servicio del Reino de Dios.

Ministerios laicales profesionales

A partir del Concilio Vaticano II, se ha venido dando un fenómeno que quizá no se había vuelto a ver desde la Iglesia Primitiva. El Papa Juan XXIII hablaba de un "Nuevo Pentecostés", como una nueva primavera dentro de la Iglesia. Esto incluía el redescubrimiento de que algunos laicos son llamados al ministerio intra-eclesial. Es decir, son llamados a dedicarse de tiempo completo a la pastoral de la Iglesia. La pastoral de una Parroquia es el trabajo que se realiza en ella por medio de los servicios y ministerios que se ofrecen y del plan de trabajo pastoral ("mission statement"). Estos laicos sienten una atracción a participar más directamente, y a veces exclusivamente, en la construcción del Reino de Dios. La mayoría de los laicos que llegan a dedicarse completamente a servir en uno de estos ministerios son personas de familia, por lo tanto, la Parroquia o la Diócesis tienen la responsabilidad de asegurar que sean remunerados para poder llevar una vida digna.

En mi caso personal, comencé dando servicio cuando sentí el llamado en una misión evangelizadora, para dar un año de servicio voluntario en mi Parroquia. Esto sucedió en 1983, después de haber terminado mis estudios de licenciatura en la Universidad de California. Terminado ese año de servicio el llamado de Dios fue más claro. Decidí, bajo discernimiento de mi pastor, dedicarme completamente y por un tiempo indefinido al servicio de la misión de la Iglesia. Después de ocho años como laico misionero fui enviado a San Antonio, Texas, y desde 1989 he trabajado con salario en las misiones y Parroquias. Hoy en día soy "Pastor Asociado" (*Pastoral Associate*) en la Parroquia de St. Luke donde, junto con otras diez personas, trabajamos como ministros profesionales laicos.

En la actualidad existen más oportunidades de formación académica y posibilidades de trabajar profesionalmente como laico dentro de las estructuras básicas de la Iglesia. Por lo menos esto es una realidad en los Estados Unidos. Cada día hay más Institutos de Formación Pastoral para laicos, porque un laico llamado al ministerio profesional, debe estar espiritual y académicamente bien formado.

En resumen, el Espíritu Santo es quien ha suscitado la noción de Iglesia como Pueblo de Dios, lo cual ha sido para

todos nosotros, laicos, religiosos y religiosas, diáco
dotes y obispos, un redescubrimiento de la Iglesia y
común llamado a dar un fruto permanente. De es
dentro de las estructuras básicas de la Iglesia, cada uno de
los laicos se encuentra a sí mismo en el servicio a los demás.

PREGUNTAS PARA LA REFLEXIÓN

+ ¿Qué se entiende por laico en la Iglesia Católica?

+ ¿Cómo cambió la visión de la Iglesia a partir del Concilio Vaticano II?

+ ¿Cómo ha cambiado la visión de la misión del laico en
la Iglesia, a parir del Vaticano II?

+ ¿Cuál es la misión de la Iglesia? ¿Cuáles son las cuatro
dimensiones de la misión de la Iglesia? ¿Podrías dar
algunos ejemplos?

CAPÍTULO 2

LA PARROQUIA

La Parroquia: ¿estación de servicios religiosos?

Cuando hablamos y pensamos en la Iglesia, tenemos que aterrizar en algo concreto y no meramente conceptual. La Iglesia se encarna en lugares y estructuras concretas. Hoy en día llamamos a esos lugares, estructuras y territorios pastorales: *la Parroquia*. Si la Iglesia realmente se encarna en las Parroquias, veamos cuál es nuestra experiencia de las mismas. ¿Qué es lo primero que viene a tu mente cuando escuchas la palabra Parroquia? ¿Qué imagen tienes de lo que es una Parroquia? Más importante aún, ¿cuál es tu experiencia de Parroquia?

Para muchos, la imagen de Parroquia es la de un templo donde la gente asiste para sus celebraciones religiosas; es el lugar donde uno recibe los sacramentos y todos los servicios religiosos necesarios, tal y como aprendimos en la catequesis o por nuestras abuelas o nuestros padres. La Parroquia es, para la gran mayoría de los católicos, una estación de servicios religiosos. Éste es el modelo que ha predominado desde hace muchísimos años, si no es que siglos. A este modelo de Parroquia le podemos denominar: Parroquia tradicional o Parroquial sacramental.

La Parroquia tradicional se centra únicamente en los sacramentos. Si ustedes ven la mayoría de los "boletines parroquiales" (parish bulletins), casi todos se centran en la información sacramental: ¿cuándo se llevan a cabo las misas y los bautizos? ¿Qué se necesita para casarse? ¿Cuándo son las confesiones? ¡Todo esto es sumamente importante! Lo repito, la dimensión litúrgica y sacramental de la Iglesia tiene un lugar importantísimo en la pastoral parroquial. Recordemos que, al mencionar pastoral parroquial, nos estamos refiriendo al trabajo que realiza una Parroquia por medio de los servicios y ministerios que se ofrecen. Sin embargo, como lo veíamos antes y lo veremos más detalladamente adelante, no es lo único en la pastoral. Cuando pregunto en los retiros, platicas y misiones qué significa ser un buen católico, la mayoría de las veces las personas de muy buena voluntad responden: "ir a misa los domingos", o "confesarse a menudo", o "estar casado por las dos leyes", o algo semejante.

Esto, si acaso, es lo que significa para muchos ser un buen católico (algo que aprendieron en algún lugar). Ciertamente, la función de la Parroquia debe ser la de proveer estos sacramentos que nos harán buenos católicos y nos llevaran al Cielo. Se trata de algo así como tener los puntos o los certificados necesarios para poder llegar al Reino de Dios, el cuál esta allá arriba en algún lugar después de nuestra muerte. Por lo tanto, la gente que es inteligente irá a buscar la Parroquia que ofrece los mejores servicios, a más bajo precio y de la forma más rápida. Entre menos requisitos, ¡pues mejor! La Parroquia existe para mis necesidades, cuando yo lo requiero y espero de ella sus servicios rápidamente y al menor precio posible. La Parroquia tradicional es aquella que sólo ofrece sacramentos.

Se trata de una visión de Parroquia como mera estación de servicios religiosos y oficina administrativa.

Hablando de manera simplista sobre este modelo de Parroquia tradicional, recuerdo los rostros bastante serios y a veces molestos, de los padres de familia que tenían que venir únicamente a dos horas de preparación bautismal para sus hijos. Esta formación era sólo otro requisito, otra obligación que cumplir. Conozco Parroquias donde la exigencia era mucho mayor y, obviamente, la "clientela" mucho menor. La Parroquia, como estación de servicios religiosos, está centrada en el templo, en las devociones y el culto. Claro, también en qué parroquia tiene la mejor música, el sermón más corto y las mejores instalaciones. Todo esto forma parte de la "asistencia" de las personas a la Parroquia, pero no de la "pertenencia" de los católicos a una comunidad.

Finalmente, este modelo de Parroquia tradicional no se asemeja en mucho a la experiencia de Iglesia de los primeros cristianos. Este modelo pastoral y parroquial viene a surgir poco a poco después del año 313, cuando el Emperador Constantino, por medio del Edicto de Milán, comienza a reconocer al cristianismo como una religión válida del Imperio. Más aún, unos años después, el cristianismo pasa a ser, no sólo aceptado, sino religión oficial del Imperio Romano. Antes de este acontecimiento los cristianos eran la minoría perseguida; después del Edicto de Milán se vuelven la mayoría en el poder. Los cristianos pasan de reunirse en casas a reunirse en grandes construcciones del Imperio, donde el bautismo y otros sacramentos se comienzan a impartir en masa y como obligación, más que como una decisión de fe que llevaría después a un discipulado del Señor Jesús. Gracias a Dios, hoy en día existe otro modelo de Parroquia, fruto del Nuevo Pentecostés que la Iglesia vive a partir del Concilio Vaticano II.

La parroquia como comunidad evangelizadora

¿Recuerdan aquel gran episodio en la vida de los primeros cristianos, cuando estaban reunidos los Apóstoles junto con María, en ese aposento alto? Se encontraban a puerta cerrada por temor y, a la vez, oraban esperando "la promesa del Padre", de la cual Jesús les había hablado en el Evangelio de San Lucas. Además Jesús, antes de partir, les había dicho: "Como el Padre me envío a mí, así los envío yo también". (Juan 20:21b). Y también: "Ahora yo voy a enviar sobre ustedes lo que mi Padre prometió. Permanezcan, pues, en la ciudad hasta que sean revestidos de la fuerza que viene de arriba" (Lucas 24:49). Y así, atemorizados pero a la vez con esperanza, estaban reunidos en oración.

De pronto, un viento fuerte irrumpió en ese lugar, unas lenguas de fuego se posaron sobre cada uno de ellos y comenzaron a orar en otras lenguas según el Espíritu les concedía expresarse. El lugar tembló. Los discípulos se llenaron de gozo y con gran emoción salieron de aquel aposento que antes estaba cerrado por el miedo. ¡La gente al verlos con tanto gozo pensaba que estaban ebrios! Pero Pedro, lleno del Espíritu Santo, los corrigió y les recordó con poder y valentía aquella profecía del profeta Joel: "Esto es lo que ha de suceder después: Yo derramaré mi Espíritu sobre cualquier mortal" (Joel 3:1). Aquel Pedro temeroso, que había negado a Jesús hacía tan sólo algunos días, ahora lleno de "fuerza que viene de lo alto" proclamó la Buena Nueva a todos los presentes. Pedro, ungido por el Espíritu, anunció el Kerigma con tanta unción, que aquel día ¡se convirtieron miles de personas a Jesús como Señor y Salvador! (Cfr. Hechos 2).

El gran milagro de esa fiesta de Pentecostés no fueron únicamente las lenguas ni la algarabía. Tampoco fue el gran cambio en Pedro que ahora sí se vuelve Roca. El milagro fue que, después de la predicación y la conversión de miles, aquellos que fueron bautizados "todos los días se reunían en el Templo con entusiasmo, partían el pan en sus casas" (Hechos 2:46). Se reunían para orar, escuchar la enseñanza de los apóstoles, para la edificación y la fracción del pan (Eucaristía). En ese gran día nace la Iglesia, no como un edificio, sino como una gran comunidad donde nadie llamaba suyos a sus bienes y donde vivían con alegría en un mismo corazón y alma (Cfr. Hechos 2:42). Los primeros cristianos no sólo se reunían en comunidad, también salían con valentía por "todo el mundo" llevando la buena nueva de Jesús Resucitado.

En este episodio vemos el modelo de lo que debe ser la Iglesia hoy en día. Encontramos el prototipo de la primera comunidad cristiana o, como le llamaríamos ahora, ¡la primera Parroquia! Esta primera comunidad cristiana que Lucas nos muestra en el libro de los Hechos de los Apóstoles es, ante todo, una *Comunidad Evangelizada y Evangelizadora*. Es una comunidad (léase Parroquia) unida, centrada en Jesús como Señor, llena del Espíritu Santo que se manifestaba libremente en dones y carismas en <u>todos</u> los bautizados. Esta comunidad, llena del Espíritu Santo, salía a dar testimonio de Jesús tal como el Señor les había encomendado: "Vayan por todo el mundo y anuncien la Buena Nueva a toda la creación" (Marcos 16:15). La primera comunidad cristiana fue una Comunidad Evangelizadora.

El Párroco

Ante la gran inspiración que nos ofrece la experiencia de los primeros cristianos y la invitación a servir que encontramos en los documentos del Vaticano II, debemos tener "el corazón en el cielo, pero los pies sobre la tierra". Es decir, sin perder la visión y el ideal de lo que debe ser la Iglesia y en concreto las Parroquias, debemos ser realistas y reconocer que el modelo de la Parroquia tradicional ha existido por mucho tiempo y es difícil de cambiar. La Parroquia actual debe poco a poco, sin violencia, trasformarse en una comunidad evangelizadora. Por lo tanto, debemos trabajar guiados por el Espíritu y bajo las estructuras existentes. Es de suma importancia valorar y respetar el orden jerárquico de la Iglesia y, en concreto, de las Diócesis y Parroquias. Veamos, pues, quién toma las decisiones en la Parroquia.

Por más llenos del Espíritu Santo que estén todos los laicos de una comunidad parroquial, la decisión primera y última corresponde al Pastor Ordenado, comúnmente conocido como párroco. El pastor es cabeza del cuerpo y es a él, como colaborador del Obispo, último responsable en la Diócesis, a quien le corresponde el cuidado y pastoreo de un territorio parroquial. Como muchos de nosotros laicos hemos escuchado decir: la Iglesia no es una democracia. Ahora bien, hay un orden y una jerarquía, pero tampoco debe haber una monarquía. Ése no es el plan de Dios. El plan de Dios se ve en una comunidad donde existen diferentes carismas, uno de ellos es el carisma del orden sacerdotal, el cual es hoy por hoy, cabeza en toda Parroquia.

Esto, que parece obvio, muchas veces en la práctica no lo es. Son innumerables los ejemplos de Parroquias donde los laicos buscan hacer lo que ellos quieren y piensan que se gobiernan solos. Donde esto sucede, ninguna pastoral, por bien intencionada que esté, dará "fruto en abundancia". Vemos esto especialmente en muchos movimientos y organizaciones que indudablemente el Espíritu inspiró, pero ahora se han convertido en "pequeños reinos" que no buscan el bien de la gran comunidad parroquial. En mi experiencia pastoral de más de 25 años, he visto pleitos y discusiones entre los movimientos de una Parroquia, desde quién usa cuál salón, hasta qué organización y movimiento es el más importante de la Parroquia. Muchas veces no hay diálogo y, en ocasiones, falta comunicación entre estos movimientos.

Es comprensible que si alguien encontró a Jesús en algún movimiento, piense que todos deben de pertenecer al mismo. Sin embargo, con experiencia y algo de formación, podemos comprender que debemos pertenecer a la Iglesia y a la Parroquia, no sólo al movimiento. En los movimientos como Cursillos, ACTS, Renovación Carismática, Encuentro Matrimonial, Guadalupanos, etc., uno puede participar. Sin embargo, la pertenencia es a Cristo, en la Iglesia y en una Parroquia concreta.

El Consejo Pastoral

El consejo pastoral de una Parroquia es un cuerpo consultivo que colabora con el párroco y bajo su autoridad. Existen diferentes formas en las cuales estos consejos son formados. En algunas Parroquias el pastor elige, después de un proceso de discernimiento, quiénes son aquellos que están llamados al consejo. Normalmente estos laicos son líderes de algún ministerio estable de la comunidad, como por ejemplo: Liturgia, Evangelización, Catequesis, Comunidades, Acción Social, Jóvenes, Familias, etc.

En otras Parroquias se hacen elecciones, ya sea por horario de Misa o por iniciativa propia. Por ejemplo, en algunas Parroquias se hace la invitación durante la Misa para ser representante de esa liturgia. Normalmente dos o más personas se ofrecen; también puede ser que algunos miembros de la comunidad incluyan otros nombres para que se tomen en consideración. Durante algunos días o semanas se hacen las "elecciones" por medio de votaciones durante la misa.

Ya sea por decisión del Párroco o por votación de la comunidad parroquial, estos líderes laicos son, de alguna forma, los ojos y oídos del pastor. Es decir, estos laicos realmente representan a la comunidad y hablan en nombre de ella. A muchos en la comunidad no se les facilita hablar directamente con el sacerdote párroco; en muchas ocasiones el párroco tiene tantas responsabilidades que es difícil atender a toda la comunidad personalmente. Es entonces cuando el consejo pastoral puede dar voz a lo que la comunidad percibe o necesita. Finalmente, recalcamos que el consejo pastoral es sólo consultivo, es decir, únicamente ayuda como consulta del párroco pues la autoridad, como ya lo decíamos anteriormente, recae sobre él.

PREGUNTAS PARA LA REFLEXIÓN

+ ¿Cuál ha sido la experiencia de Parroquia en tu vida?

+ ¿Qué se entiende por Parroquia tradicional como estación de servicios religiosos?

+ ¿Cuál es la diferencia con una Parroquia como comunidad evangelizadora?

+ ¿Qué sucedió en Pentecostés? Describe lo que más te llama la atención del pasaje descrito en Hechos 2.

CAPÍTULO 3

LA TEOLOGÍA DE LOS MINISTERIOS LAICOS

La definición más común de lo que uno entiende por teología es una frase que se atribuye a San Jerónimo: "la fe que busca entendimiento". Si tratamos de ser más exactos y traducimos literalmente, la teología es el estudio o tratado de Dios. Los seres humanos intentamos, con la limitación de nuestro lenguaje, hablar de lo que es inefable o sea, Dios mismo. No hay palabras que puedan describir o definir a Dios. Todas las palabras que utilizamos son realmente sólo aproximaciones y lo hacemos por medio de analogías y metáforas. Por lo tanto, no debemos tomar ninguna de nuestras definiciones como absolutas o únicas, pues además sabemos que la teología es una disciplina que ha evolucionado con el tiempo.

La teología católica nos dice que Dios es un Dios de amor. Es un Dios que toma la iniciativa; que se revela a sí mismo; que quiere que todos lo conozcan y experimenten su amor y verdad. Nuestra teología también nos dice que, en la Persona de Jesús, vemos a Dios encarnado y la imagen más clara de quién es el Dios en el cual creemos. También sabemos que Dios no tiene acepción de personas y que nos ama a todos por igual, pues todo ser humano ha sido creado a su imagen y semejanza. Vemos cómo Dios, a través de lo que llamamos la Revelación Bíblica, utiliza todo tipo de personas en la historia de la salvación. En particular vamos a ver más adelante que un signo de la Nueva Alianza es el hecho de que el don del Espíritu es derramado sobre todos, para poder así capacitar a todos en la misión salvífica de Dios. En la Iglesia Católica y, de hecho, en todas las denominaciones cristianas, el sacramento del Bautismo es fundamental, tanto en la vida nueva que Dios nos da, como en la misión de Cristo que compartimos.

Llamado y responsabilidad de todos los bautizados

La vocación, es decir, el llamado de todos los cristianos que han sido bautizados, es continuar la misión de Cristo. Cuando una persona es bautizada, se convierte en profeta, sacerdote y rey. Si prestamos atención a las palabras que el ministro ordenado utiliza en el rito del Bautismo, escucharemos cómo afirma que somos sacerdotes, profetas y reyes. Lo menciono nuevamente, pues esta verdad de nuestra iniciación cristiana no es conocida y es menos aún comprendida. En varias ocasiones he preguntado a muchos católicos quién de ellos es un profeta; son muy pocas las manos que se levantan.

Subrayemos esta doctrina central de la fe cristiana: todo bautizado está llamado a proclamar con su vida y su palabra el Reino de Dios. Este llamado no es una concesión de los ministros ordenados y tampoco se debe a la falta de sacerdotes ministeriales. Es un llamado de Dios y es también una gran responsabilidad. Desgraciadamente, dado que la mayoría fuimos bautizados siendo niños, nunca tomamos conciencia de este llamado y responsabilidad. Somos corresponsables, junto con todos los servidores de Jesús, de esta gran misión.

Profetas, sacerdotes y reyes.

Una de las preguntas existenciales fundamentales en la vida es la de nuestra identidad. ¿Quiénes somos? O mejor dicho, ¿quién soy yo? Esta pregunta tiene muchos niveles que iremos mencionando a lo largo de este libro. Pero un nivel de respuesta a esta pregunta se da cuando unimos la identidad a la misión o el propósito de nuestra vida. ¡Por el Bautismo, tú eres un profeta! ¿Qué significa eso? Un profeta no es aquel que predice el futuro, como comúnmente se entiende. Un profeta es alguien que habla en nombre de Dios. El profeta es aquel a quien Dios elige para anunciar la Buena Nueva y para denunciar la injusticia. Esto es algo enorme. Si tú eres consciente de tu unión con Dios y de estar "en Cristo", como dice San Pablo, puedes y debes ser portavoz del mismo Dios. Es claro que tu palabra debe estar ungida e inspirada por el Espíritu de Cristo, pues de no ser así, hablarás en tu propio nombre (en la carne), en el nombre de los sistemas de este mundo o bajo la influencia destructiva del espíritu del mal. Esto implica que todos debemos orar antes de hablar y pedir la gracia de que sea el Espíritu quien hable a través de nosotros. No se trata de ser expertos oradores, sino más bien, instrumentos del Espíritu Santo (Cfr. I Cor 1 y 2).

Hace unos meses participé en un retiro, donde muchas personas pensaban que yo era un "Padre" en el sentido religioso. Al presentarme les dije que yo era laico y no sacerdote. Entonces un miembro del grupo dijo en voz alta, ¡sí eres sacerdote! Me llamó la atención el comentario acertado de aquel individuo que me veía con una sonrisa. Más adelante supe que él era un "Presbítero", como él prefería que le llamáramos. Es decir, él sí era un "Padre" en el sentido religioso. No cabe duda de que el lenguaje tiene una gran influencia en la percepción de la realidad. Siendo teológicamente exactos, todos somos, por nuestro Bautismo, auténticamente sacer-dotes. Un sacerdote es un puente entre Dios y la humanidad y viceversa. El sacerdote es también aquel que participa en el culto único de Cristo, con Él, por Él y en Él. Ahora bien, el sacerdote ordenado o minis-terial (Presbítero) es el que preside la Liturgia Eucarística y confiere los sacramentos. Sin embargo, todos tenemos el sacerdocio bautismal, somos un "Pueblo Sacerdotal", como dice la primera carta de Pedro capítulo 2 versículo 9. Finalmente, por nuestro Bautismo, somos todos reyes o pastores. Nuevamente, el lenguaje es muy importante y necesita ser bien especificado. Recordemos que el Reino de Jesús no es igual a los reinos de este mundo. En este mundo lo que aparentemente importa es el poder, el prestigio, las posesiones y el placer. Éstas son las tentaciones que todos tenemos que enfrentar, al igual que Jesús tuvo que enfrentarlas en el desierto y en su vida. En el Reino de Jesús lo que vale es la justicia, la solidaridad con el pobre y desvalido, el compartir, la autenticidad y el servicio. Estos valores son contrarios a lo que aprecia la sociedad de los Estados Unidos y realmente de todos los países de Occidente. Por lo tanto, el ser rey (o reina) en el Reino de Jesús, equivale a ser alguien que se compromete a construir un mundo más justo donde reine la paz y la comunión. Ser rey es trabajar por erradicar toda injusticia social como son la pobreza, el hambre, la falta de servicios médicos, la discriminación, la guerra y todo lo que afrenta la dignidad humana.

Una buena teología sacramental debe educar a todo el Pueblo de Dios sobre este llamado universal de los bautizados. El llamado a participar en la misión de la Iglesia como laicos es un llamado y una responsabilidad de todos los bautizados.

Fundamentos bíblicos

Al leer los Evangelios, Hechos de los Apóstoles, las cartas de Pablo y las demás cartas del Nuevo Testamento, vemos que todos los miembros de la comunidad participaban activamente en el apostolado y ministerio. Para comenzar, cabe subrayar que en un sentido Jesús no era "sacerdote" judío. Él era, de alguna forma, un laico del pueblo y no pertenecía a la jerarquía ni a la autoridad oficial de la religión judía que profesaba. Sabemos bien que Jesús no era católico, sino judío. (¡Esta realidad asombra a muchos!). Aquellos a quien Jesús escogió, tampoco eran sacerdotes judíos. Se trataba, en su mayoría, de gente sencilla, pescadores y hasta un recaudador de impuestos. Es interesante la elección de Jesús, pues debería abrirnos los ojos para valorar quiénes son los predilectos del Señor. Jesús también se encontraba rodeado por muchas mujeres, las cuales colaboran con Él en su ministerio. Recordemos a Marta y María, la mujer samaritana y María Magdalena, la cual es, con toda razón, la "Apóstol de los Apóstoles". Y no se diga María, la madre de Jesús, primera discípula y creyente de la Buena Nueva del Reino de Dios.

Las cartas de Pablo también mencionan a muchas mujeres de quienes la mayoría de los católicos quizá no recuerden sus nombres. Cabe mencionar a Priscila, Febe, Junias, Julia y Pérfida (Cfr. Romanos 16). Ellas eran sumamente importantes en las primeras comunidades cristianas. Vemos también cómo Pablo habla de los carismas del Espíritu Santo, los cuales Dios regala a quien Él quiere. Pablo enumera varios de ellos en la Primera Carta a los Corintios, capítulos 12-14. Es decir, Dios derrama los dones de su Espíritu sobre todos, para que todos sean instrumento en la construcción del Reino. Cuando Pablo usa la imagen de la Iglesia como Cuerpo de Cristo (I Corintios 12), hace hincapié en que los miembros que consideramos más indignos o pequeños, juegan un papel indispensable en el funcionamiento del Cuerpo de Cristo. En ningún lugar se menciona que sólo algunos pueden ejercer un ministerio. Todos están llamados a la misión evangelizadora de la comunidad cristiana. Ahora bien, en las cartas llamadas pastorales (como son 1ª y 2ª de Timoteo), vamos viendo cómo la comunidad comienza a estructurarse más claramente y los obispos, presbíteros y diáconos adquieren el papel de la misión de liderazgo y coordinación de la Iglesia. Ellos están llamados a supervisar y ejercer un ministerio de orden y autoridad, (recordemos que en la iglesia primitiva también había diaconisas, tema para otro libro).

Cuando el Papa Juan XXIII convocó el Concilio que ahora conocemos como Vaticano II, pidió a los Obispos y a todo el pueblo de Dios que buscáramos recobrar la sencillez y las líneas puras que la iglesia de Jesús tenía en su nacimiento. Es decir, por medio del Vaticano II, la Iglesia busca retornar a sus raíces y orígenes. ¿Cómo era la Iglesia Primitiva? ¿Quiénes participaban y ejercían algún ministerio? ¡Leamos nuevamente los Hechos de los Apóstoles y las cartas del Nuevo Testamento, para que nos guíen en recobrar el verdadero rostro de la Iglesia de Jesús!

Documentos y exhortaciones a partir del Vaticano II

Quisiera hacer mención de un gran documento del Papa Pablo VI, llamado *Evangelii Nuntiandi (EN)* o "La evangelización en los tiempos modernos". En este documento, (el cual parece más una meditación espiritual que un documento eclesial con lenguaje ininteligible para la mayoría de la gente), el Papa llama a toda la Iglesia y a todos los bautizados a participar en la Evangelización. El documento dice que la Iglesia entera, la cual incluye a todo el Pueblo de Dios, tiene como vocación esencial, gracia particular y razón de existir, la Evangelización.

A partir del Concilio Vaticano II, muchos documentos se enfocaron en desarrollar el tema del papel del laicado dentro de las estructuras esenciales de la Iglesia, como son las Diócesis, Parroquias, oficinas, movimientos y diferentes organizaciones. Dado que el propósito de este libro está enfocado al ministerio laical en los Estados Unidos, vamos a dedicarle especial atención a un documento que los Obispos de Estados Unidos escribieron. El documento se titula: "Corresponsables en la Viña del Señor". Podría asegurar que en cada país Latinoamericano y de habla hispana, los Obispos correspondientes han escrito algún documento específico en relación con la participación laical en la Iglesia. Por lo tanto, sólo mencionaré algunos de los nombres de los documentos más importantes en relación con el ministerio laical del Vaticano II.

Los editores y redactores del documento sobre la naturaleza de la Iglesia decidieron que el capítulo 2, dedicado a la Iglesia como todo el Pueblo de Dios, se colocaría antes del capítulo 3, dedicado a la jerarquía y al ministerio ordenado. Esto significó el primer paso hacia una gran revolución en el sentido eclesial. Los laicos, antes meros destinatarios de la misión, volvían a ser, como lo fue al principio de la historia del cristianismo, miembros activos e indispensables para llevar a cabo esta misión. A partir de ahí surgieron muchos documentos que continuaron afirmando y aclarando la misión de los laicos en la construcción del Reino. Entre estos documentos encontramos, además de EN, el cual ya hemos mencionado, *Catechesi Tradendae (CT)*, documento que se enfoca en la misión catequética de la Iglesia. Nuevamente CT recalca el importante papel que desempeña el catequista.

Como todos sabemos, la formación catequética, especialmente de los niños, es ahora impartida en su gran mayoría por laicos. No podemos olvidar el papel tan importante que las religiosas y religiosos han desempeñado por siglos en este ministerio. Sin la entrega y devoción de millares de personas, la catequesis de los niños difícilmente hubiera llegado a ser lo que es hoy en día.

Los documentos de Medellín y Puebla, escritos por los Obispos Latinoamericanos, son documentos de alguna manera proféticos, donde se llama a todos a construir el Reino de Dios aquí en la tierra como es ya en el cielo. Como sabemos, por muchos siglos y aun hoy en día, la enseñanza se ha enfocado en "la otra vida". Como si esta vida fuese sólo una prueba y la verdadera vida fuese para el más allá. Esto va en contra del misterio central de la Encarnación. Dios se hizo hombre para unir el Cielo y la tierra, la humanidad y la divinidad, lo sagrado con lo secular. ¡Esta tierra y esta vida importan! Jesús afirmó que su cuerpo es verdadera comida para la salvación del mundo (Cfr. Juan 6); de este mundo también, que gime esperando la revelación de los hijos de Dios (Cfr. Rom 8). Encarnar el Evangelio y sus valores es, como ya lo decía Pablo VI, la misión esencial de la Iglesia que incluye la evangelización de la cultura y de las estructuras temporales. Los documentos de Medellín y Puebla hacen hincapié en que el pecado no sólo es un acto individual, sino que incluye también a las estructuras injustas que oprimen al hombre. La opción preferencial por el pobre marca en la Iglesia Latinoamericana un tinte totalmente evangélico, pues Jesús siempre tomó partido por el marginado, oprimido y olvidado. Claro está que esta opción preferencial por el pobre no excluye al rico, pues vemos a Jesús comiendo con la alta jerarquía judía y con todos los que aceptan su invitación a partir el pan.

Otro documento sumamente importante es *Redemptoris Missio*, el cual se enfoca nuevamente en la misión evangelizadora de la Iglesia. Este documento, al igual que el documento del Vaticano II, *Ad Gentes*, subraya el papel esencial que juegan los laicos en esta gran misión. El Vaticano II y todas las encíclicas y exhortaciones a partir del Concilio subrayan sin ambigüedad el papel central, indispensable y único que jugamos los laicos en la construcción del Reino de Dios.

Co-responsables en la Viña del Señor

La Conferencia Episcopal de los Estados Unidos, formuló un documento llamado *"Co-Workers in the Vineyard of the Lord"* (Co-responsables en la Viña del Señor) para apoyo de los Obispos y para todos los responsables en el desarrollo de los ministerios eclesiales laicos en 2005. En este documento se define, para la Iglesia de los Estados Unidos, el papel y la función de los líderes laicos que trabajan dentro de las estructuras intra-eclesiales. El documento denomina a estos laicos como "ministros eclesiales laicos". Estos ministros trabajan dentro del medio ambiente social y eclesial y bajo la guía de las enseñanzas, creencias y prácticas pastorales de la Iglesia Católica. Los Obispos indican que este documento es una guía pastoral y una reflexión teológica. Es también un signo de apoyo y aprobación para todos los laicos que desempeñan una función ministerial.

El documento está compuesto por varias secciones que van desarrollando el tema del ministerio eclesial laico. Al igual que en este manual, hay una sección de fundamentos teológicos sobre los cuales están basados los ministerios laicales. Le sigue una sección de discernimiento para el ministerio, junto con una sección enfocada en la formación de los laicos. Finalmente, el documento tienes dos secciones, una dedicada a la "autorización" de estos ministerios y la última centrada en las normas y prácticas del medio ambiente del trabajo ministerial.

Este documento de los Obispos norteamericanos es el documento central que todos los laicos que sirven en el ministerio dentro de las estructuras de la Iglesia deben conocer a fondo. El documento afirma que en el año 2005, en los Estados Unidos, existían más de 30,000 ministros eclesiales laicos que trabajan por lo menos 20 horas semanales en posiciones asalariadas dentro de las Parroquias. Hay más de 2,100 voluntarios que también sirven por lo menos 20 horas semanales dentro de las parroquias y el número de ministros parroquiales laicos se ha incrementado en un 53% desde 1990. Nuevamente quisiera subrayar que en cada país, los Obispos han publicado documentos al respecto. Por lo tanto, es de suma importancia que los laicos investiguen y conozcan los documentos que se han escrito sobre el tema en su propio país o Diócesis.

Ministerio y profesión

El laico que ha sentido el llamado a esta vocación y cuyo llamado ha sido discernido por el pastor y por la comunidad en general, puede dedicarse completa y totalmente al ministerio. Por lo tanto, estos ministros llegan a combinar su vocación con su profesión, pues estos laicos deben poder vivir y mantenerse económicamente por medio de su ministerio. Existe un aspecto de fe, donde si Dios es el que llama, es Él el que proveerá. Pero también existen medios razonables y prácticos, que exigen contar con los fondos económicos dentro de la Parroquia, para poder sostener a estos ministros.

Todo aquel que trabaja en una estructura eclesial, debe ver su trabajo como un servicio ministerial y debe ser movido por el Espíritu de Jesús. Si uno sólo trabaja para una Parroquia o agencia eclesial, es muy probable que no sea muy feliz en este empleo. Lo digo porque, de todos los lugares donde he trabajado, considero que no es posible "trabajar" con alegría en una Parroquia a menos que la persona esté llamada a este tipo de servicio. No se puede ver el ministerio sólo como un empleo. Sea cual sea su actividad, todo el funcionamiento estructural de una institución eclesial debe estar fundado en el amor y en el servicio al Reino de Dios. De no ser así, es mejor no hacerlo.

Autorización del ministerio eclesial laico

El Obispo es el vínculo con la comunión jerárquica de la Iglesia y es también el centro de comunión de la Iglesia local. Por lo tanto, corresponde al Obispo la autorización última de estos ministerios laicales dentro de su Diócesis. Ahora bien, el Obispo normalmente a través del pastor de una Parroquia (párro-co), es quien supervisa estos nuevos ministros y su relación eclesial. También el Obispo puede nombrar varios agentes que lo asistan en la formación de la vida y la estructura de estos laicos. Como ya mencionamos anteriormente en la sección de la toma de decisiones, dentro de la Parroquia el párroco es la autoridad y es él quien autoriza a estos ministros laicos para participar en el servicio de la comunidad eclesial. Se sugiere que el ministro eclesial laico sea reconocido por la comunidad eclesial dentro de un ritual o ceremonia litúrgica. Éste es un llamado de Dios, por lo tanto no basta firmar un contrato, sino que se le debe dar un aspecto ritual y sagrado a este ministerio.

Ética ministerial

En los Estados Unidos existen leyes que protegen a todo trabajador, independientemente de su lugar de empleo. Por lo tanto, toda estructura eclesiástica se encuentra bajo la ley de derechos y responsabilidades del trabajo. Es conveniente que la parroquia este bien enterada y aconsejada legalmente en estos asuntos. Hoy en día, después de la tragedia del abuso sexual de los niños y niñas dentro de la Iglesia, el Estado y la Iglesia misma tienen leyes, guías y normas muy claras y estrictas para todo aquel que trabaja y/o sirve en una comunidad o estructura eclesial. Por ejemplo, en los Estados Unidos todos tenemos que tomar cursos sobre el acoso sexual (*sexual harrasment*) y cursos sobre el abuso, diseñados para la protección de los menores y la protección de toda forma de abuso. Lo repito, es importante verificar los cursos y directrices que existen en cada país y Diócesis acerca de este tema.

No basta cumplir con la ley. Todo ministro laico debe estar gobernado por una ética interna donde su labor ministerial esté centrada en el bienestar de aquellos a los cuales sirve. No se puede utilizar el ministerio para beneficio propio (es una contradicción de términos). Todo servicio es por el bien de la comunidad, de sus familias y de sus miembros individuales, independientemente de religión, raza, edad, preferencia sexual, legalidad, etc. La ética de Jesús es mucho mayor que la ley de cualquier país o Estado. La ética del ministro laico debe estar fundada, no solamente en la Ley, sino en las Bienaventuranzas citadas en el Evangelio de Jesús.

Otros recursos de apoyo eclesiástico

Existen muchos más libros, reportes, investigaciones, artículos y páginas de internet que sirven como apoyo formal del ministerio eclesiástico laico en los Estados Unidos. Estos recursos estarán especificados al final de este manual, pero cabe mencionar algunos de ellos de antemano. Hay un recurso llamado "*Lay Ecclesial Ministry*" (Ministerio Eclesial Laico). Se trata de un reporte del subcomité de los ministerios laicales que todos los ministros laicos activos dentro de la Iglesia y aquellos que los forman deben leer. También se encuentran nueve artículos presentados en un coloquio nacional teológico, enfocado en el fenómeno del ministerio eclesial laico llamado: "*Together in God's Service- Toward a Theology of Ecclesial Lay Ministry*" (Juntos en el servicio de Dios – Hacia una teología del ministerio eclesial laico). Finalmente, otras reflexiones que el documento de los Obispos presenta, se encuentran en el décimo quinto aniversario del documento "*Called and Gifted*" (Dones y llamado) donde los Obispos re-examinan los cuatro "llamados" del laicado: 1) el llamado a la santidad, 2) el llamado a la comunidad, 3) el llamado a la misión y al ministerio y 4) el llamado a la madurez cristiana. (Muchos otros países y Diócesis también cuentan con una página de internet en donde se puede encontrar mucho material de apoyo para el ministerio laical).

nifica ser bautizado en la Persona de Cristo como Profeta, Sacerdote y Rey?

+ ¿Según las Sagradas Escrituras, quiénes están llamados al ministerio?

+ ¿Qué nos enseñan algunos de los Documentos de la Iglesia a partir del Vaticano II sobre la misión de los laicos? ¿Has leído o puedes nombrar alguno de estos documentos?

+ ¿Qué es lo que más te llamó la atención de este capítulo?

CAPÍTULO 4

CUALIDADES ESPIRITUALES Y HUMANAS PARA EL MINISTERIO LAICAL

Al hablar de cualidades humanas y espirituales es muy importante hacer una aclaración. El termino religión proviene de una palabra latina *"re-ligare"*. Para nosotros, los de habla hispana, es fácil comprender el término, pues de ahí provienen las palabras liga, ligar y ligamento. La importancia de este término reside en que toda religión buena, o buena religión (pues existe la mala religión), *une* lo que está desligado. Es decir, toda sana teología, espiritualidad o religión, reconecta aquello que estaba desligado, separado o no integrado. El Espíritu Santo siempre une y nos hace reconocer que somos uno. Es lo que escuchamos en la oración sacerdotal de Jesús, donde Él pide al Padre: "Que todos sean uno, como tú, Padre, estás en mí y yo en ti. Que ellos también sean uno en nosotros...que sean uno como nosotros somos uno: yo en ellos y tú en mí. Así alcanzarán la perfección en la unidad..." (Juan 17:21-23). Entonces subrayamos, la vida es una, la fe es una, Dios es uno, nosotros somos uno (Cfr. Efesios 4).

Nuestra tendencia intelectual normalmente nos lleva a dividir la realidad. Lo hacemos desde la educación hasta la religión. Separamos para poder comprender algo. El mismo termino disertación, que uno tiene que hacer para recibir un doctorado (Ph.D), es un ejercicio de separación y una investigación que nos lleva a disectar algo lo más finamente posible. Nuestra mente misma tiende a dividir lo que percibimos: es bueno o malo; me agrada o me desagrada; es de los míos o no lo es, etc. Esto se llama pensamiento dualista y los griegos eran maestros en este tipo de pensamiento para comprender la realidad. Este tipo de pensamiento es también muy importante, especialmente al comenzar la niñez y en los comienzos de la vida espiritual. Pero en todos los sabios y santos vemos cómo ellos van pasando del pensamiento dualista a un pensamiento no-dualista, donde la realidad se recibe y se contempla tal cual es, sin juicio, sin calculación, sin "ego".

¿Por qué menciono esto? Lo hago porque el mismo título del capítulo parece decir que lo humano y lo espiritual son algo diferente o separado. ¡Y no lo son! La persona verdaderamente humana es una persona espiritual y la persona profundamente espiritual es una persona verdaderamente humana. De esto se trata el misterio de Jesús, ¡humano y divino a la vez! Sólo con una mirada contemplativa podemos, de alguna manera, recibir esta verdad no-dualista del misterio de la Encarnación. Toda cualidad o talento humano es una cualidad espiritual y viceversa.

Dicho esto, también es verdad que existen dones y carismas del Espíritu Santo, los cuales no son dones "naturales" sino "sobrenaturales". Quizás esta sea una distinción que nos ayude a comprender mejor esta sección. Los invito a leer con detenimiento del capitulo 12 al 14 de la Primera Carta a los Corintios. En ella, san Pablo hace mención de dones "espirituales" o "carismas" que el Señor otorga a los miembros de su comunidad para "la edificación del cuerpo". Esta última frase es muy importante, pues la forma de discernir si un carisma es del Espíritu es viendo si éste edifica, es decir, si construye la comunidad. Todo carisma une y lleva a la comunión. Esto es verdad en todos los carismas, excepto en el don de lenguas, donde sólo se edifica el individuo que con gemidos que no se pueden expresar en palabras hace oración, pues es el Espíritu el que ora en ellos (cfr. Romanos 8:26).

San Pablo subraya constantemente en sus cartas que es un mismo Espíritu el que da estos dones. Todo don de Dios es un regalo que nace de la iniciativa y la bondad de Dios y no se tiene por mérito propio. El hecho de que una persona tenga ciertos talentos y dones, no es garantía de santidad personal. Hay dones y talentos que no hacen mucho ruido pero que, con sencillez y humildad, construyen el Reino de Dios. Muchas veces estos dones y estas personas pasan desapercibidas. Ya lo dice claramente Pablo en el capitulo 13 de la Primera Carta a los Corintios al hablar del amor, el cual es el camino más perfecto.

Discernimiento de los dones y talentos

Ya mencionamos, al principio de este manual, de qué manera algunos laicos son llamados al ministerio cuando el párroco o algún líder ve en ellos un don, talento o carisma particular. Uno de los carismas que son mencionados en la Primera Carta a los Corintios, en el capitulo 12, es el de "discernimiento de espíritus". Dios, al darnos su Espíritu, nos da a todos lo que Jesús llamó "el Espíritu de la Verdad" (Cfr. Juan 14), que nos lleva a la "Verdad completa". Todos recibimos este Espíritu de la Verdad, sin embargo, algunos reciben de Dios el don para poder ver con mayor profundidad lo que viene de Dios y lo que viene de la carne, del mundo o de otro espíritu. El pastor de una comunidad, al estar atento y cuidando a sus miembros, va distinguiendo y discerniendo quiénes son llamados a algún ministerio particular. Es por eso que cuando Dios da un don, el pastor y la comunidad ratifican ese regalo y afirman ese talento.

Al trabajar durante muchos años con gente sencilla de nuestros países, me daba más y más cuenta de que muchas personas poseen dones muy claros y están llamadas a dar un mayor servicio a la comunidad. Pero también observé que muchas de estas personas no se "sentían dignas" o se "sentían menos" que los demás. Por esa razón, nunca expresaban claramente su deseo de participar. Muchas veces se nos olvida que fuimos todos creados "a su imagen" (Génesis 1:27), es decir, a imagen y semejanza *de Dios*. Se nos olvida que todo lo que hace Dios es bueno y de gran valor. Nos hace mucha falta volver a escuchar la Buena Noticia: ¡Dios te ha creado, te ama personal e incondicionalmente y eres precioso a sus ojos! (cfr. Isaías 43). Por lo tanto, tienes una gran dignidad pues eres ¡hijo de Dios! ¡Eres su hijo amado en quien Él se complace!

Es un acto de amor y humildad el reconocer los talentos y dones que Dios nos ha regalado. El decir que no servimos para mucho, es una falsa humildad. La verdadera humildad es siempre la verdad. Todos tenemos dones y talentos y todos tenemos limitaciones y pecados. Nadie es totalmente digno, pero a la vez todos, por ser hijos de Dios y porque Jesús derramó su sangre por nosotros, somos también dignos. Recuerdo en este momento con tristeza cuántas personas no van a recibir la comunión porque no se sienten dignos o se les ha dicho que no son dignos. No recuerdo un pasaje en el Evangelio donde Jesús haya rechazado a alguien por "no ser digno". Es más, parece que constantemente Jesús recibía a todos aquellos que la sociedad o la religión judía consideraba impuros, o sea, completamente indignos.

Así pues, vamos a ver bajo la luz amorosa del Espíritu Santo, cuáles son los dones y talentos que hemos recibido de Dios. Muchas veces, cuando me encuentro con personas con una muy baja autoestima, les pido que piensen y escriban por lo menos 5 cualidades o cosas que les agradan de sí mismas. Me duele ver cómo algunos no pueden ni quieren ver por lo menos una de ellas. Muchas veces, como ya lo mencioné, se nos han dicho tantas mentiras que ya no creemos ni en nosotros mismos. Cuando a alguien se le ha recalcado desde pequeño que es malo, flojo, tonto, pecador y otras palabras que no se pueden mencionar en este tipo de libros, esta persona dudará de su valor personal y mucho más de tener algún talento que dar a los demás. Por lo tanto, es muy importante que todos nosotros cuando veamos un talento o un don en alguien, se lo hagamos saber. Debemos afirmar esos regalos de Dios y el valor que cada uno de nosotros tenemos para la comunidad.

Cualidades de los líderes en la Iglesia

Existen ciertas características de personalidad que son importantes para cualquier forma de liderazgo en la vida. Todos hemos observado niñas y niños que naturalmente guían a su grupito de amistades, saben organizar al grupo y dar órdenes. También vemos cómo las amiguitas y amiguitos los siguen y hasta parecen disfrutar del liderazgo natural que ejercen. Muchas de estas niñas y niños llegan a ocupar posiciones de liderazgo en la escuela como presidentes de los alumnos, miembros de un equipo de deportes, o líderes de algún grupo extra-curricular. Hay también organizaciones como las "girl-scouts" y los "boy-scouts" que van formando a los jóvenes en el liderazgo. Existen personas que simplemente tienen el talento y la visión para liderar a grupos.

Estas cualidades de liderazgo natural pueden ayudar a la persona a ser un buen líder dentro de una comunidad eclesial, pero también le pueden afectar. Recordemos cómo Jesús constantemente reprendía a sus discípulos por no comprender el verdadero sentido de autoridad y liderazgo espiritual que tendrían. Vemos en el Evangelio de qué manera la madre de Juan y Santiago pide a Jesús que sus hijitos lindos tengan el mejor lugar en la mesa junto a Él. Y vemos cómo los otros discípulos se molestan con Juan y Santiago; se molestan porque ¡ellos quieren esos lugares también! Entonces, Jesús les dice que el que quiera ser el primero sea el último y el que quiera mandar sea primero un servidor (cfr. Juan 13:1–17). Que el liderazgo no sea como en el mundo, dice Jesús, donde los que tienen autoridad y son líderes, oprimen a los demás. Por lo tanto, una cualidad necesaria para todo líder eclesial es la humildad y la sencillez. El no querer sobresalir y ser reconocido y aplaudido públicamente, es una cualidad sumamente importante para todo líder eclesial. Vean qué diferente suena esto a lo que busca el mundo, donde todos quieren ser "*celebrities*" (famosos) por lo menos durante 15 minutos saliendo en televisión.

Son muchas las cualidades necesarias para todo líder eclesial, pero vamos a mencionar sólo unas cuantas por ahora. Comencemos por nombrar aquellas cualidades que nos distinguen como cristianos, pues este tipo de liderazgo eclesial tiene obviamente que estar fundando en una vida de fe.

Madurez en la fe: para ser un líder sólido, es necesario haber caminado un poco en la vida de fe. San Pablo dice que las personas de autoridad no deben ser neófitos (un recién nacido) en la fe. La madurez de la fe se distingue por varias características, entre ellas, el no confundir la fe con los sentimientos emotivos que a veces vienen y a veces van. Piensen en la imagen de un árbol sólido y maduro. Este árbol difícilmente se quebranta ante un simple viento. Lo decía también san Pablo, crezcan hasta la talla adulta en Cristo Jesús (Cfr. Efesios 4) y así no serán zarandeados por cualquier viento de doctrina. Tampoco se doblarán por las contradicciones que encuentren dentro de la comunidad. No se escandalizan fácilmente y saben sobreponerse a los conflictos inevitables que se dan en toda comunidad.

Centrados en Jesús como Señor: esta es la verdadera característica de todo auténtico cristiano, el reconocer y aceptar a Jesús como único Salvador y Señor. Aceptarlo como Salvador, implica haber hecho una adhesión explicita y personal a Jesús o, como dicen nuestros hermanos protestantes, haberle aceptado y abierto el corazón para ser salvados. Pero esto no basta, es también necesario aceptar a Jesús como único Señor. Esto significa que Jesús es el centro de la vida, lo primero y más importante, el principio y el fin de toda actividad apostólica, el Rey (no como cantamos los mexicanos: "que yo ¡sigo siendo el Rey!"). Traten de identificar en quién o en qué piensan la mayoría del tiempo del día, ese es su centro. O más fácil aún, cuando ven una foto grupal en donde ustedes están retratados, ¿qué rostro buscan primero y cómo determinan si esa foto es una buena fotografía?

Llenos del Espíritu Santo: una característica de alguien que sinceramente ha aceptado a Jesús como Señor y Salvador, es ser una persona abierta a la efusión del Espíritu Santo, como Espíritu de Verdad (Juan 15) y Fuerza de lo Alto (Hechos 1). Es el Espíritu Santo el que transforma a la persona y la dirige en el ministerio. Sólo así el ministerio dará fruto. ¡Tan sólo vean la diferencia en Pedro y los apóstoles antes y después de Pentecostés! Cuando hablamos de estar llenos del Espíritu Santo, no sólo nos referimos a haber recibido los sacramentos del Bautismo y la Confirmación, sino hablamos más bien de tener una auténtica experiencia del amor y la salvación de Cristo, que son otorgadas por el Espíritu Santo. ¡No basta saber del Espíritu, sino que debemos tener una experiencia de Él! Aquel que ha experimentado el amor de Dios por medio del Espíritu Santo, nunca vuelve a ser el mismo. Es cuando tú sabes, no porque te lo hayan dicho o porque lo tienes que creer así, sino porque tú mismo lo has conocido personalmente. Y nadie ni nada puede quitarte esa convicción interna, pues está basada en tu experiencia de vida.

Integración de las Escrituras en la vida personal y ministerial: por mucho tiempo los laicos católicos no leían la Biblia. Algunos la escuchaban en Misa, pero para la mayoría el latín era ininteligible, así que tampoco la comprendían. Aun más, muchos aseguran que les estaba prohibido por orden de la jerarquía eclesiástica leerla, pues la podían malinterpretar. Existía un gran desconocimiento de las Escrituras dentro del laicado católico lo cual nos tenía "mal nutridos" y, muchas veces, dentro de la ignorancia de la historia de la salvación. Hoy en día, gracias a la acción del Espíritu en el Vaticano II, la Biblia es el libro que nunca debe separarse de las manos del creyente. En la mayoría de las Parroquias existen cursos bíblicos y los católicos en general, añoran descubrir la voz de Dios a través de la Biblia. Todo líder en la Iglesia debe escuchar, leer, meditar, memorizar y más importante aun, vivir la Palabra de Dios. "Luz en mi camino es tu Palabra", dice el Salmista. La lectura diaria de la Biblia, sea basada en el leccionario o siguiendo algún orden determinado (por ejemplo leyendo un capítulo del Evangelio de Marcos cada día u otro libro, de preferencia del Nuevo Testamento), es fundamental para la salud espiritual y el fortalecimiento para el ministerio.

La vida de oración: decía una mujer santa mexicana de nombre Conchita Cabrera de Armida, que la oración es la respiración de la fe. Sin un tiempo de oración personal, uno va perdiendo la vida de fe y va muriendo sin darse cuenta, volviendo a conductas y hábitos aprendidos en el pasado. Recordemos que la fe, ante todo, es una relación personal con el Dios vivo. Toda relación necesita de tiempos exclusivos y de intimidad para que no sólo se mantenga, sino que vaya creciendo. Vamos conociendo más íntimamente el corazón del Padre, la mente de Jesús y la acción del Espíritu, a medida que separamos un tiempo cada día para silenciar el alma y orar. "A solas con Él solo", decía Sta. Teresa.

La oración también contiene un elemento comunitario. Como decimos en la oración que Jesús nos enseñó: "Padre Nuestro", esta oración es una oración que hacemos en común con las otras hijas e hijos de Dios. Los católicos oramos en comunidad especialmente durante la Liturgia Eucarística, o sea, la Misa. Recordemos que la Iglesia es una comunidad y toda vida auténtica de fe católica, se vive en comunidad. Existen también otras formas de oración comunitaria, como son: las asambleas de oración, los grupos de oración, la oración en las pequeñas comunidades, la Liturgia de las Horas, rosarios comunitarios y muchas otras más. Algo sumamente bello de ser católico, es que existen multitud de maneras para orar según la espiritualidad particular o grupal a la que uno pertenezca. Hay oraciones carismáticas, festivas, solemnes, en silencio y contemplativas por mencionar sólo algunas. Por último, quisiera subrayar que la oración tiene momentos o etapas en donde Dios va llevando a la persona a una profundidad cada vez mayor. Esta profundidad se manifiesta muchas veces en una simplificación de la oración. En vez de más rezos y palabras, la oración va siendo más y más silencio y quietud. La oración contemplativa, a la que todos estamos invitados, es el medio para recibir la experiencia transformante y unitiva de Dios. Por lo tanto, no basta conformarse con repetir oraciones aprendidas o recitar oraciones escritas, lo cual es bueno. Poco a poco hay que abrir el corazón para comunicarnos con Dios, utilizando nuestras propias palabras. Y más importante aún, es el ir aprendiendo a hacer silencio para poder escuchar lo que Él tiene que decirnos. Como decimos antes de comulgar en la misa, "una sola palabra tuya bastará para sanar mi alma".

Espiritualidad: ya lo decíamos anteriormente, una verdadera espiritualidad cristiana es siempre una espiritualidad encarnada. En mi experiencia personal y ministerial, he visto cómo muchos tratamos de vivir como si fuéramos ángeles. Se trata de un tipo de mística ilusoria y falsa. No estamos llamados a ser ángeles, sino seres humanos en plenitud. Esto implica que toda espiritualidad debe encarnarse en una realidad completa que incluya cuerpo, alma y espíritu. Esta espiritualidad debe vivirse también en el contexto de nuestra vocación laical, bien sea dentro de una relación familiar, romántica, matrimonial o comunitaria. Se puede, de alguna forma, discernir la autenticidad de la espiritualidad de una persona a través de la autenticidad y profundidad de sus relaciones humanas. El tema de la espiritualidad abarca libros enteros, pero baste subrayar que una espiritualidad sana esta relacionada con una psicología sana. La espiritualidad nos va llevando de sólo tener información acerca de Dios, a tener más bien experiencias transformantes del amor de Dios. La espiritualidad se manifestará por el tipo de actitud/energía con la que cada uno desempeñe su actividad y ministerio. Todos conocemos personas muy "religiosas", que viven en constante conflicto con los demás. Más sorprendente aún, es ver personas con muchas prácticas religiosas y servicios en la Iglesia, que viven tristes y enojadas. Ese Espíritu no es el de Jesús. Aunque las prácticas externas sean muy católicas, su espiritualidad no lo es. La espiritualidad da sentido a la vida, está basada en la experiencia trascendente e inmanente de

Dios, nos ayuda a ver con nuevos ojos, trasforma nuestra vida y nos lleva del conocimiento al amor. Acción y contemplación fue la espiritualidad de Jesús.

Testimonio de vida: el testimonio de vida está muy relacionado con lo que antes decíamos acerca de una espiritualidad sana y encarnada. Es decir, damos testimonio de Jesús con la vida, las palabras, las actitudes y la energía positiva con la que vivimos. La vida misma debe indicar que en nosotros sucede algo diferente. La forma en que respondemos a las situaciones contradictorias que la realidad nos presenta, muestra una característica siempre esperanzadora. Este testimonio también se manifiesta en el tipo de vida que vivimos y los valores a los que damos prioridad, tanto en la educación de los hijos como en el uso y posesión de las cosas materiales. Todos podemos recordar personas que han influenciado mucho en nuestra vida de fe. ¿Qué fue lo que nos llamó la atención de ellas? Estas personas reflejan paz, serenidad y una alegría que no está basada en posesiones materiales, prestigio, poder o sólo placer. Es la "paz que sobrepasa todo entendimiento", como decía san Pablo. Recuerden que el testimonio de vida no consiste en citar textos bíblicos, cargar con muchos signos religiosos o tener actitudes de falsa piedad. Jesús tuvo muchos problemas con la gente que parecía muy religiosa en su tiempo, como los Fariseos y Maestros de la Ley. El testimonio se manifiesta siendo simplemente tú, así como eres, en la limitación y pobreza de tu humanidad. El testimonio verdadero, como la espiritualidad verdadera, nos lleva del falso-yo al yo-real. ¿Quién eres tú realmente? ¡Eres hijo de Dios! No lo olvides.

Clara pertenencia a la Iglesia y sus enseñanzas: al trabajar como voluntarios o como ministros profesionales dentro de la Iglesia católica (lo mismo se aplica a los que pertenecen a otra tradición cristiana), debemos estar claramente identificados con su propia tradición, en nuestro caso, somos católicos romanos. Se podría escribir otro libro en relación con los diferentes ritos dentro de la Iglesia católica y las otras iglesias que están en comunión completa o parcial con Roma. Ahora bien, nosotros que estamos en adhesión, debemos respetar y amar, sin caer en idolatrías, nuestra propia fe y las enseñanzas que hemos recibido desde los tiempos apostólicos. Existe la así llamada Tradición a la cual nos adherimos y también existen tradiciones que son cambiantes. Por un lado están los dogmas de fe, como los tenemos en nuestro Credo, los cuales debemos aceptar y acoger. Pero también hay devociones particulares que son opcionales. Por esta razón debemos seguir estudiando, para comprender mejor estas diferencias entre lo esencial y lo opcional en nuestra fe y en nuestra Iglesia. Podríamos comenzar (y subrayo comenzar), conociendo el *Catecismo de la Iglesia Católica*. Sin embargo, es importante recordar que el Catecismo es sólo un instrumento y guía, escrito en una cultura concreta, bajo una teología particular. Después de comenzar con el Catecismo, debemos estudiar un poco de historia, escritura, filosofía y teología para poder realmente comprender las enseñanzas de la Iglesia y profundizar en los ideales evangélicos. Cuando trabajamos en la Iglesia y para la Iglesia, debemos representar claramente su visión y enseñanzas, no nuestras opiniones e ideas personales o de otra tradición cristiana que se contraponga a la Iglesia a la cual pertenecemos. Un católico que quiera ser realmente un líder en la Iglesia católica, debe pertenecer a una Parroquia y participar en ella, sin brincar de predicador en predicador o de Parroquia en Parroquia.

Espíritu de colaboración y comunión hasta hace no mucho tiempo, se hablaba bastante sobre la pastoral de conjunto. La pastoral de conjunto refleja un espíritu donde todos colaboran en la misión de la construcción del Reino según sus dones y carismas. Al mismo tiempo, todos están en comunión con la Iglesia y entre ellos. No existe nada más dañino para el ministerio, que la división o el deseo de poder (ego). Cuando alguien se niega a colaborar y tiene poca relación y comunión con los otros miembros del equipo pastoral o de algún ministerio, puede llegar a dañar la obra de Dios más que ayudar. Nadie es dueño de ningún ministerio o servicio. No se trata de construir nuestros pequeños "reinos" personales, sino el Reino de Dios. El Reino de Dios incluye a todos. Nadie debe sentirse único e indispensable. Una práctica que utilizaba el P. Navarro, MSpS, fundador del Sistema Integral de Evangelización, era que cada determinado tiempo, todos los líderes de un ministerio o servicio eran removidos y otros tomaban su lugar. Hacía eso porque su experiencia pastoral le había enseñado que muchos de nosotros, laicos, a veces nos queremos apoderar del "puesto". Es también una característica positiva de un líder laical, el saber delegar responsabilidad e ir descubriendo nuevos líderes. Soltar el control y dejar sobresalir a otros es signo de un buen líder. Veamos el ejemplo de Jesús, que no sólo elige a los primeros doce (no muy especiales por cierto), sino a otros 72 después y luego a toda la comunidad para continuar su misión.

Vida sacramental: es importante mencionar que la participación de la vida sacramental de la Iglesia es siempre relacional. No se trata de un cumplimiento de reglas externas y obligatorias para "ganar gracias" o "estar bien con Dios". La vida sacramental es mucho más que todo eso. Está basada en la realidad de la Encarnación, donde Dios santifica la creación en todo su orden natural. Podemos encontrar a Dios en todas las cosas visibles, las cuales se convierten en signos e instrumentos del amor y la salvación de Dios. Todo es, de alguna manera, sacramento, si uno tiene los ojos para descubrirlo. Basta con leer un libro sobre la vida de san Francisco para aprender el modo en que ven la realidad los santos. Ahora bien, en la

Iglesia Católica, a lo largo de la historia y después de varios siglos, llegamos a la conclusión (no sabemos si permanente) de que hay siete sacramentos que marcan momentos cruciales en la vida y nos equipan para la misión. El participar en estos sacramentos fortalece nuestra relación con el Señor y con la comunidad. Todo sacramento vivido con conciencia, conocimiento y participación total, es una fuente del amor de Dios y alimenta nuestra fe. En particular, la Reconciliación y la Eucaristía son los sacramentos oficiales que fomentan esta relación en los bautizados y confirmados. La Eucaristía es el sacramento donde nos encontramos y saboreamos el Pan de Vida (Cfr. Juan 6) que es Jesús. No se trata simplemente de tener más información sobre la Eucaristía, pues Jesús no dijo "tomen y piensen"; se trata más bien de comer y beber, experimentar, conocer a Jesús más allá de la lógica y la razón. "Mi carne es verdadera comida y mi sangre es verdadera bebida", dice Jesús, "para la salvación del mundo" (y no sólo de algunas almas; cfr. Juan 6).

Virtudes humanas necesarias para el ministerio

Como ya se mencionó, una espiritualidad cristiana encarnada se manifiesta de alguna forma en una psicología y vida relacional sana. Pero también es importante mencionar virtudes o cualidades humanas necesarias para el ministerio. Como afirma el documento de los Obispos de los EUA sobre la formación laica, es importante que sea la persona completa la que esté bien formada y balanceada. Esto incluye las emociones, la imaginación, la voluntad, los pensamientos, afectos, subconsciente, etc.

¿Cuáles son las virtudes humanas necesarias para el ministerio? Sin ahondar mucho en definiciones, vamos a mencionar algunas de ellas que quizás ya tocamos anteriormente. Estoy seguro de que ustedes podrían añadir otras más a esta lista, pero creo que las aquí mencionadas son muy importantes:

Psicología y personalidad estable (dentro de lo que cabe pues no existe el ser humano completamente sano, lo digo por mi experiencia de consejero clínico por más de 15 años). Todos necesitamos consultoría o psicoterapia en algún momento de nuestra vida, para profundizar en el conocimiento propio y en el buen manejo de nuestras emociones, pensamientos y afectos. Debemos estar abiertos a sanar las heridas de la niñez y de toda la vida.

Vida relacional sana y abundante: es de suma importancia tener una buena pareja si uno está casado o en alguna relación seria. Las amistades y la familia no siempre estarán de acuerdo o entenderán lo que hacemos, pero es importante tratar de frecuentar a la familia y tener algunas amistades profundas y sinceras. Si estamos casados, es muy importante el apoyo y la comprensión de la pareja para el ministerio.

Conocimiento e integración de la sexualidad: todos hemos sufrido mucho por la falta de esta cualidad humana dentro de nuestros sacerdotes y líderes. También, como laicos, dada la falta de educación y de diálogo sobre la dimensión sexual en la familia y en la Iglesia por miedo, ignorancia o pensamientos equívocos de que la sexualidad es mala o sucia, estamos limitados y necesitamos ayuda para integrar sanamente este regalo que Dios nos ha dado.

La habilidad para saber descansar y divertirse: podría ser que muchos no consideren esta virtud algo necesario para el ministerio, pero después de años de servicio y de compartir con otros que sirven, uno de los peligros más serios es lo que los norteamericanos llaman "*burnout*". Esta palabra significa algo como agotamiento mental o espiritual por la falta de distracción y descanso recuperador.

La capacidad de apertura a otras culturas, tradiciones, y costumbres: vivimos en un país cada vez más multicultural. La Iglesia en los Estados Unidos es también cada vez más multicultural. Esto nos invita a todos a estar más abiertos a aprender para poder enriquecernos con las tradiciones religiosas y culturales de todo el mundo. No podemos ser "etnocentristas", más bien debemos mantener un cierto "etnorelativismo", es decir, saber que toda cultura y religión tienen sus valores positivos y áreas de oportunidad.

Flexibilidad y no rigidez: todo trabajo pastoral requiere una cierta habilidad de ser flexible para poder entender y adaptarse a las diferentes personalidades y situaciones que se van a ir presentando día a día en las Parroquias. Existen personas que son sumamente rígidas, que llegan a ser muy legalistas en sus actitudes y palabras. Estas personas no presentan una "cara alegre" ni dan una buena primera impresión a muchos de los que, por primera vez, vienen a la Parroquia o a quienes se acercan heridos y cargando con muchas penas.

Autenticidad y honestidad: Dios no nos pide perfección humana (el término "perfecto" es un término matemático que ha sido mal usado en la lectura del Evangelio, en realidad el término se refiere a ser "completo" en el amor). Todo católico comienza la Misa confesando que es imperfecto y pidiendo ayuda para ser mejor. Lo que se nos pide es ser auténticos, es decir, transparentes y no aparentar una santidad que no tenemos.

Serenidad y alegría: por último, aunque sé que faltan muchas otras virtudes humanas, quisiera mencionar la importancia de la paz y la tranquilidad en quienes intentamos servir a los demás. De alguna forma se debe vislumbrar en todo líder laico una alegría contagiante y una profunda serenidad en medio de los conflictos de la vida. La paz es el primer regalo de Jesús resucitado y es una señal de la presencia de Cristo.

PREGUNTAS PARA LA REFLEXIÓN

+ ¿Qué podemos hacer como líderes laicos para avanzar hacia la madurez en la fe?

+ ¿Qué influencia ha tenido tu vida de oración (o la falta de ella) en tu servicio o ministerio como laico?

+ ¿En tu experiencia personal y comunitaria, de qué manera una vida relacional deficiente afecta tu servicio ministerial?

+ ¿Cuáles son las virtudes espirituales/humanas que más has desarrollado? ¿Cuáles tienes que desarrollar?

CAPÍTULO 5

ESPIRITUALIDAD DEL MINISTERIO LAICO

En este capítulo nos vamos a enfocar más detalladamente en la espiritualidad en general y más particularmente en la espiritualidad del ministerio laico. La mayoría de los libros católicos sobre espiritualidad, al igual que la mayoría de los libros de teología, son escritos por y para los sacerdotes ordenados. Estos escritos y libros son sumamente valiosos ya que las personas que los escriben se dedican totalmente al estudio y a la reflexión de estos temas. Sin embargo, la realidad del laico sólo la comprende vivencialmente un laico y, por lo mismo, espero que esta sección contribuya al estudio y conocimiento de este tema a partir de la experiencia de un laico. Es importante que les comparta un poco de mi formación en la línea espiritual para que ustedes estén familiarizados con la terminología y el matiz particular (y limitación) de lo que les voy a compartir.

El fundamento de mi formación lo recibí de los Misioneros del Espíritu Santo, una congregación religiosa mexicana, fundada por el P. Félix de Jesús Rougier, bajo la inspiración de una mujer laica, casada y con hijos, llamada Concepción Cabrera de Armida. Una gran mística mexicana en proceso de beatificación. La espiritualidad de los Misioneros del Espíritu Santo se llama: "Espiritualidad de la Cruz". Convoca a todos los bautizados a que "ofrezcan su propia persona como un sacrificio vivo y santo capaz de agradarle" como dice Romanos 12:1. Sin ahondar mucho, digamos que existen asociaciones laicas centradas en esta espiritualidad y que forman parte de la familia de la Cruz. Las dos asociaciones laicas son: "El Apostolado de la Cruz" y "La Alianza de Amor". Básicamente, estas asociaciones se centran en Jesús Sacerdote y Víctima, en la acción del Espíritu Santo para comprender el amor-dolor de Jesús revelado en la Cruz y en la asociación con la misión salvífica de Jesús por medio del ofrecimiento de toda nuestra vida, sentimientos, sufrimientos, gozos y nuestro ser entero en unión con Jesús por la salvación del mundo. Por lo tanto, es una espiritualidad muy aplicable a toda nuestra vida como laicos, porque podemos ofrecer todo al Padre por manos de María: el trabajo, el descanso, la diversión, el ministerio, la familia, nuestras enfermedades, nuestros logros, es decir, nuestra vida en plenitud.

Años más tarde, al estudiar psicología a nivel de postgrado, percibí la íntima relación que la espiritualidad tiene con la psicología (el mismo término psicología significa estudio del alma). Comencé a leer autores que integraban la espiritualidad en sus teorías de la personalidad como por ejemplo: Carl Jung, Abraham Maslow, Irvin Yalom, Martin Buber (filósofo), Víctor Frankl y otros. Mi disertación para el doctorado en consultoría se basó en una investigación realizada con fieles católicos acerca de la relación que existe entre el espíritu y el bienestar psicológico. Como podrán imaginar, la correlación entre estas dos variables es muy alta, lo cual muestra que existe una significativa relación positiva entre el bienestar espiritual y el bienestar psicológico (para ver el estudio consulte las referencias al final del libro). Posteriormente, al volver a estudiar teología fui encontrando grandes autores contemporáneos que hablaban de la espiritualidad en una forma novedosa para mí, pero que integraban la psicología con la espiritualidad de una manera asombrosa y la extendían a todo el cuerpo, a la sociedad y a toda la creación. Mencionaré algunos de estos grandes teólogos y autores que me han influenciado: Tomas

Merton, Thomas Keating, Ron Rolheiser, Richard Rohr, Paula de Arcy, Henri Nouwen, James Finley, Teihard de Chardin, Thomas Berry y muchos otros más.

La espiritualidad y la religión

Quisiera también mencionar que hoy en día la palabra espiritualidad es una palabra que está muy de moda. Es interesante observar que hasta hace no mucho tiempo la palabra espiritualidad no era utilizada fuera del ámbito religioso. Sin embargo, si tu vas en cualquier librería a la sección de religión, autoayuda, recuperación de adicciones, "new-age" y metafísica, encontrarás una multitud de libros sobre espiritualidad o que incluyen un aspecto espiritual. Es más, existe también en muchas personas una forma de dualismo donde la espiritualidad se separa de lo que se conoce tradicionalmente como religión. Muchos jóvenes afirman que ellos son espirituales, pero no quieren saber mucho de religión. Así que sería importante clarificar un poco los conceptos, utilizando un modelo de desarrollo humano-espiritual con varias etapas.

Durante las primeras etapas de la espiritualidad generalmente las personas buscan una estructura clara, con límites bien demarcados, con respuestas objetivas a sus preguntas espirituales. Es por esta razón que todo camino espiritual comienza con algo que la religión organizada ofrece. La religión normalmente se enfoca en aspectos comunitarios que están fundamentados en doctrinas, escrituras, enseñanzas, rituales y estructuras. La religión organizada está basada en prácticas externas y toma mucho en cuenta la sabiduría ancestral del grupo. Una buena religión, cimentada en una buena teología, debería guiar a sus adeptos hacia un tipo de espiritualidad que se manifieste no sólo en signos o prácticas externas, sino ante todo, en una transformación interior basada en el amor. La espiritualidad puede ser algo más individual, subjetivo, interno, que guía un tipo de filosofía, una manera de pensar y un estilo de vida. Yo siempre hago hincapié a mis estudiantes y a los grupos a los que doy conferencias, que ambos aspectos son muy importantes para mantener un sano balance. Es necesario y muy recomendable que toda espiritualidad esté centrada en una tradición religiosa, en nuestro caso, la religión católica y la espiritualidad cristiana.

Esta etapa de la espiritualidad que se basa sólo en la religión, normalmente comienza con información como la que se imparte en casi todos los programas de catecismo infantil y en el catecismo para adultos. En el pasado se enseñaba a los adultos de los Estados Unidos el *"Baltimore Catechism"*, el cual está basado en preguntas y respuestas claras al estilo del Catecismo de Ripalda en México. Este catecismo ¡fue escrito en 1616! Hoy en día se utiliza el *Catecismo de la Iglesia Católica*, que sigue un formato similar, pero adaptado a conceptos postconciliares. Muchos católicos y cristianos de otras iglesias se obsesionan en esta etapa y se convierten básicamente en "fundamentalistas". Asumen literalmente toda escritura o documento clerical, sin tener en cuenta el contexto cultural e histórico en el cual fueron formados estos escritos.

Una segunda etapa que ofrece la religión es la del "conocimiento". En ella, la información recibida y aprendida se va uniendo hasta formar un conjunto ordenado de doctrinas y dogmas, con un claro conocimiento de lo que debemos hacer, porque así está escrito. La tercera etapa es la de la inteligencia, donde uno está bien formado para inteligentemente saber unir y hacer conexiones y síntesis de todo el conocimiento recibido a través de la educación y formación religiosa. Ahora bien, todo esto aún no es estrictamente una vía espiritual. Estas tres primeras etapas están basadas única y exclusivamente en la razón. La espiritualidad es más relación que información; es más transformación que formación intelectual.

Las etapas de un desarrollo espiritual que llevan a una evolución de la conciencia, comienzan por lo que algunos llaman "inteligencia emocional", donde la intuición juega un papel sumamente importante. En esta etapa es donde uno puede "discernir" el estado emocional de un ambiente, una persona o un grupo. Es un conocer más allá de la razón, como lo es, por ejemplo, el así llamado "sexto sentido" de las mamás. No es un conocimiento irracional, sino más bien trans-racional. Es decir, un conocimiento que va más allá de la sola razón intelectual. Es un tipo de conocimiento interior que, aunque parece sumamente subjetivo, tiene mayor profundidad y verdad que la sola razón. A partir de aquí y sin excluir las etapas anteriores (etapas que ofrece la religión), uno puede, con la ayuda del Espíritu, comenzar a "comprender" misterios de la vida, de la fe, del sufrimiento, del amor y de Dios. Estos misterios son inagotables. Es aquí donde una espiritualidad bien formada y alimentada va abriendo los ojos e iluminando la razón para un tipo de comprensión que va más allá de la razón y más allá de todo dualismo. Esto sería el comienzo de la "sabiduría", que es mucho más profunda que el mero conocimiento de la Escritura, la historia y la doctrina.

Finalmente, al profundizar en la sabiduría (*sophia*, *wisdom*) de la cual hablan mucho las Escrituras Hebreas (al grado de tener como tercera sección de sus libros los llamados libros sapienciales), uno puede ser guiado hacia la unión o transformación del ser. Como dice Pablo: "ahora no vivo yo, es Cristo quien vive en mí" (Gálatas 2:20). La sabiduría espiritual es aquella que disuelve los dualismos, integra los que aparentemente son opuestos y sabe manejar las contradicciones y las paradojas. Sólo la Sabiduría del Espíritu nos puede ayudar a penetrar el misterio de Dios y la aparente contradicción de la

Cruz (Cfr. I Cor 2). Este tipo de sabiduría nos ilumina en la comprensión interior de que la cruz puede ser dos cosas a la vez (pensamiento no dualista). Una tragedia pero también, al mismo tiempo, la gloria de Dios. Es muerte, pero también es vida. Es dolor, pero también es amor. ¡Es derrota, pero es también la victoria de Jesús! Es el misterio de nuestra fe, el misterio pascual. Muerte y Resurrección, como las dos caras de la misma moneda.

La espiritualidad sana y profunda se manifiesta por sus frutos, tal como lo afirma Jesús en el Evangelio. La espiritualidad más avanzada es aquella que está fundada en el amor. La compasión o el amor *ágape,* que es el amor desinteresado, es la meta de toda la religión cristiana y espiritualidad católica. Este tipo de amor de unión transformante es un despertar a la imagen y semejanza de Dios que ya somos en nuestro verdadero ser. Es el entrar en una iluminación del Espíritu acerca de nuestra verdadera naturaleza como hijos e hijas de Dios. Es, finalmente, el captar que "yo estoy en el Padre y que el Padre está en mí", como diría Jesús (Juan 14:10) y el poder vivir lo que nos dice Jesús constantemente en el capítulo 15 de Juan, ¡vivan en mí como yo vivo en ustedes!

Apoyo para el ministro laico

Para poder profundizar en la espiritualidad, como laicos, todos necesitamos buenos apoyos. Necesitamos guías que hayan avanzado en la trayectoria espiritual y nos puedan orientar más allá de la noche oscura de la cual hablaba san Juan de la Cruz. Estos guías nos van formando, educando, aconsejando, corrigiendo y manteniéndonos en la esperanza de que vale la pena continuar en el camino. Estos mentores son aquellos "sabios" de antaño, maestros zen, gurús, chamanes, sacerdotes, profetas, místicos y, hoy en día, algunos terapeutas que nos llevan de la mano con compasión y sabiduría por las vías del espíritu.

Dirección Espiritual

Por lo tanto, es muy importante que todo laico seriamente comprometido en el camino espiritual y en el ministerio, tenga dirección espiritual y, cuando sea necesario, algún tipo de consultoría terapéutica. La dirección espiritual es un ministerio de algunos pocos, que han estudiado y se han formado en esta disciplina. Desgraciadamente en muchas Parroquias, dado el número tan limitado de directores espirituales bien formados, muchos asumen el título únicamente porque así han sido designados por la comunidad. Les sugiero que todos aquellos que busquen una verdadera dirección espiritual, revisen primero las credenciales y los estudios de quien se denomina director espiritual. Es obvio que los estudios y credenciales por sí mismos no garantizan el carisma de la dirección espiritual, pero al menos estos estudios ayudarán a que las sugerencias estén basadas en algún tipo de teología o espiritualidad sólida.

Consultoría profesional y psicoterapia

También recomendaría a todos aquellos que quieran dedicarse más al ministerio, especialmente a los líderes laicos, que consideren una consultoría o psicoterapia profesional. Digo esto porque después de trabajar por muchos años en las estructuras pastorales, y estoy seguro de que muchos de ustedes también lo han experimentado, he encontrado que las dificultades responden, no tanto a aspectos religiosos sino más bien a aspectos de personalidad. Muchas personas no han hecho lo que se llama en este país "*inner work*" (trabajo interior) o "*shadow work*" (trabajo con nuestras limitaciones y pobrezas humanas). Algunos entran al ministerio por motivos mixtos y necesidades emocionales que no se han reconocido y trabajado. De hecho, muchas personas se esconden en la religión externa y la utilizan como defensa o máscara de conflictos internos. Todos necesitamos, en algún momento de nuestra vida, la ayuda de alguien preparado en aspectos cognitivos, afectivos, conductuales y sistémicos. Es necesario tener la valentía de entrar en nuestras heridas y en nuestro pasado para que Jesús, a través de una buena terapia, vaya sanando interiormente nuestras vidas.

Cuidado personal integral

Según san Pablo y otros muchos autores, los seres humanos estamos constituidos por tres dimensiones esenciales: el cuerpo, el alma y el espíritu. La dirección espiritual busca discernir las vías del Espíritu por las cuales una persona, en este caso el líder laico, está siendo guiado por Dios. La consultoría o terapia psicológica busca el bienestar intelectual, emocional y conductual de la persona. Como ya lo mencionaba antes, el bienestar espiritual esta positivamente correlacionado con el bienestar psicológico según multitud de estudios e investigaciones doctorales y profesionales (cfr. Disertación Ramírez, 2005).

Pero eso no es suficiente. Todo líder laico y toda persona que quiera vivir en plenitud, debe también cuidar su cuerpo y todas las dimensiones relacionales de su vida. Cuidar el cuerpo implica cuidar nuestra alimentación. ¿Quién se imaginaría que el cuidado de la alimentación es una práctica que beneficia nuestra espiritualidad? ¡Pues lo es! La mayoría de nosotros expresamos, entre broma y broma, lo mal o lo mucho que comemos cuando hay un evento religioso o parroquial. Es raro que falten las donas y el pan dulce en el retiro. ¿Cuántos de nosotros, en el ministerio pastoral, tenemos problemas de peso? (esto sería un estudio interesante). Muchos descuidamos nuestro cuerpo por falta de descanso, diversión y ejercicio. Es más, muchos de nosotros no tenemos un buen sueño pues queremos ¡salvar al mundo! Se nos olvida que Jesús ya lo salvó. Es muy importante que todos tengamos una dieta sana, ejercicio frecuente, un buen descanso y moderación en el trabajo y la bebida. Jesús vino a darnos vida en abundancia y esta vida en abundancia incluye el cuidado y la salud integral de toda la persona y de todas sus relaciones, incluyendo un tiempo para la diversión.

La comunidad

Dado que el ministerio laical es tan demandante, el ministro laico necesita un gran apoyo de personas que, de alguna forma, comprendan lo que está haciendo. Los beneficios del ministerio muchas veces no son visibles y otras veces no llegamos a conocerlos. Es posible que un líder o un ministro laico comience a dudar de su servicio y caiga en el desánimo. Es de suma importancia que todo laico involucrado en el servicio tenga un buen apoyo comunitario. Somos seres relacionales y todos necesitamos de buenas relaciones humanas y fraternas. Conocemos de qué manera en el mundo las amistades se gobiernan por intereses personales, profesionales y económicos. En una sociedad tan individualista y materialista como en la que vivimos, sabemos que son muy pocas las personas a las cuales podemos llamar verdaderos amigos. Es interesante cómo el fenómeno de la red social *Facebook* en el internet se basa de alguna forma en la competencia sobre cuántos "amigos" uno tiene. ¡Recuerdo haber escuchado a alguien mencionar que había llegado a más de 500 amigos (y son pocos por lo que sé) en su lista de "*Facebook*"!

La característica de una verdadera comunidad cristiana es la aceptación incondicional entre sus miembros. Se trata de cumplir el mandamiento único y principal de Jesús de amar-nos los unos a los otros. Esto implica buscar el bien mutuo a pesar de simpatías o antipatías personales. Si un ministro laico encuentra su pertenencia en alguna pequeña comunidad, tendrá tremendo apoyo, retroalimentación sincera y crecerá enormemente en su espiritualidad y como ser humano. Toda relación auténtica basada en el amor es capaz de sanar heridas de toda una vida y, sin duda, fortalecerá a la persona en la lucha por el Reino.

Alegría en el servicio

Un signo claro de alguien que está llamado al ministerio o al liderazgo laical es el gozo y la alegría en su servicio. Todos nos hemos topado con supuestos ministros religiosos que se ven cansados, agobiados e incluso amargados. Lo percibimos en su trato con el prójimo y en la falta de paciencia y caridad hacia las personas a las que supuestamente sirven. Es natural que haya días en los que por cansancio, enfermedad o situaciones personales, uno este más "apagado" y a veces hasta impacien-te. Pero cuando esto se convierte en un patrón común en el estado de ánimo del líder laico, es señal de que algo anda mal. Es también natural que ciertos servicios sean más pesados e impliquen un mayor esfuerzo de la voluntad. Pero este esfuerzo hay que hacerlo de buena gana o mejor no hacerlo. Quien en verdad tiene vocación al ministerio, disfruta lo que hace; se siente realizado cuando ejerce el ministerio. Les comparto que yo me siento lleno de energía y entusiasmo cuando se me llama a enseñar o evangelizar, incluso cuando estoy física y mentalmente cansado. Muchas veces me siento agobiado cuando tengo que tratar conflictos dentro de la Parroquia o problemas emocionales de las personas a las cuales estoy llamado a servir. La alegría es un signo claro de que estamos donde debemos estar y hacemos lo que debemos hacer. Nuevamente lo quiero subrayar, esta alegría no es simplemente un gusto natural. Es algo interior y sobrenatural. Esta alegría en el servicio, está íntimamente ligada a la paz de Jesús resucitado (cfr. Juan 20:19). La paz interior y el gozo sereno son frutos del Espíritu y signos de aquel que camina según el Espíritu y no según la carne. Caminar en el Espíritu es la vida en unión con Cristo que brota del verdadero ser. La vida según la carne es caminar según el "ego" o el falso "yo".

PREGUNTAS PARA LA REFLEXIÓN

+ Dentro de las etapas del crecimiento espiritual hay una que consiste en 'conocer más allá de la razón, intuir, discernir. En tu experiencia, ¿cómo has vivido este 'conocimiento interior'?

+ ¿De qué manera ha afectado tu ministerio como laico la dirección espiritual y/o la consultoría profesional que has recibido (o la falta de ella)?

+ ¿Qué gracias has experimentado al pertenecer a una comunidad cristiana?

+ ¿Qué disciplina utilizas para tu cuidado integral como persona?

CAPÍTULO 6

LA FORMACIÓN ES ESENCIAL

Hoy en día se nos pide a todos los laicos seriedad y profesionalismo en el ministerio. No se debe improvisar en el servicio. Debemos estar cada día más preparados y mejor formados. Gracias a Dios, existen hoy en día múltiples lugares y medios para una formación constante en el ministerio laical. En muchas ciudades se ofrecen cursos en los Institutos Pastorales, los cuales muchas veces ofrecen Maestrías en Estudios Religiosos. Existen en todos los Estados Unidos, universidades y colegios católicos que ofrecen Licenciaturas, Maestrías y Doctorados en Teología, Escritura, Pastoral, Liturgia, Pastoral Hispana y muchos otros grados académicos en materias relacionadas con el ministerio profesional. Es muy importante informarse en cada Diócesis particular acerca de los cursos, certificaciones y grados académicos que se ofrecen. Hoy en día se requiere cada día más una formación académica seria para posiciones de paga en el ministerio. Además, es un regalo y una responsabilidad el seguir educándonos para poder servir mejor.

Conocimiento y comprensión de la Escritura y de las enseñanzas centrales de la Iglesia

Es importante reconocer que no todos los laicos tienen la oportunidad de tomar cursos en las universidades. Muchas veces la limitación es económica, pues todos estos títulos son bastante caros. Existen algunas Parroquias y agencias diocesanas que ayudan de alguna forma a una minoría de laicos, para poder cursar estas materias. Sin embargo, la mayoría de los laicos debe buscar lo que la Diócesis o las Parroquias ofrecen para la formación constante en la Sagrada Escritura y las enseñanzas de la Iglesia. Esta realidad debería motivar e inclusive exigir que a nivel diocesano y a nivel parroquial se ofrezca un proceso evangelizador y catequético para jóvenes y adultos. En mi experiencia pastoral, me he dado cuenta de que la mayoría de las Diócesis y Parroquias sólo tienen un currículo para catequesis infantil, muy bueno, pero sólo consideran a los menores. Hace falta un programa de evangelización fundamental, catequesis básica y Biblia, para todos los adultos que quieran crecer en su fe. Todo laico debe conocer la Biblia, pero más aún, aquellos que se dedican al ministerio.

Programas, talleres, conferencias

Las diócesis normalemente tienen oficinas de Catequesis y algunas también de Evangelización. Estos departamentos ofrecen programas, talleres y conferencias para la formación continua de los laicos. Los laicos debemos darnos el tiempo y buscar seriamente la forma de irnos formando con mucha disciplina, sacrificio y seriedad. No basta tener una experiencia de Dios. Debemos permanecer en una catequesis sistemática, programada y constante, como lo decía el Papa Juan Pablo II en el documento *Catechesi Tradendae*, que habla de la formación doctrinal y bíblica de los laicos. Es muy importante una formación programada y sistemática, no improvisada, sobre temas de moda o por devociones particulares.

La importancia del grado académico en los Estados Unidos

Para todos nosotros, que llevamos un tiempo viviendo en los Estados Unidos, nos resulta muy clara la importancia que tienen los grados académicos en cualquier profesión y en el ministerio. Más aún, dentro de la Iglesia cada vez se van aumentando los requisitos para aquellos laicos, incluyendo las religiosas y religiosos que quieran servir profesionalmente. Recuerdo que en México, como de broma y de costumbre, se llama a las personas ingeniero, maestro, profesor y licenciado, aun cuando estos amigos realmente no tengan el grado académico. Esto no puede tomarse tan a la ligera en este país.

Es importante también verificar que la universidad o ins-titución donde uno estudia esté acreditada de alguna forma. Las acreditaciones varían, pero cada región del país tiene asociaciones que se dedican a verificar la calidad de los estudios, el currículo de materias y las instituciones, para dar o no dar una acreditación. Un grado académico de B.A. (equivalente a una licenciatura en muchos países latinoamericanos) es un buen comienzo. Se recomienda tener el B.A. en teología, música, educación, consejería, estudios religiosos y otras materias relacionadas con el ministerio. Pero yo sugiero e impulso a todos aquellos que se sienten llamados al ministerio "profesional" a que busquen obtener una Maestría. Sé que esto parecerá un ideal muy elevado, pero en este país los ideales y la lucha por alcanzarlos es una forma de vida. Todos nosotros como latinos, debemos educarnos cada vez más para poder competir, contribuir y sobresalir en todas las áreas de la sociedad y también de la Iglesia. El censo de los EUA del 2010 muestra un tremendo crecimiento numérico en la población hispana en el país. Sociólogos, políticos, medios de publicidad, educadores y muchos más profesionistas estarán analizando los números del censo. Lo que está claro es que la Iglesia en los Estados Unidos cada vez es más multicultural y los latinos vamos formando, poco a poco, la mayoría. Por lo tanto, sigamos educándonos y no sólo buscando certificados (pues a la hora de buscar un empleo en una Parroquia las certificaciones realmente no valen de mucho).

De igual forma, como laicos en el ministerio, tendremos multitud de oportunidades de interrelacionarnos con sacerdotes, diáconos y obispos, lo cual implica no sólo estar preparados sino también tener los mejores estudios para que estos respalden nuestras contribuciones y nuestra participación.

Quisiera terminar esta sección con un razonamiento un poco más profundo que el hecho de tener uno o más grados académicos. Dentro de todos nosotros hay un tremendo potencial que necesita ser explotado. Dios quiere que nos realicemos en todas las áreas de nuestra vida. Dios quiere que sigamos aprendiendo siempre más acerca de Él y de sus caminos. La revelación del Misterio de Dios es mucho más de lo que podamos algún día imaginar. Preguntémonos si en realidad tenemos esta sed de aprender y hacemos todo lo posible por lograrlo.

Conocimiento de las directrices diocesanas y parroquiales

Como ministros laicos católicos, todos pertenecemos a una Diócesis y se espera que estemos registrados en alguna Parroquia. Por lo tanto, somos responsables de trabajar y servir bajo los lineamientos diocesanos y parroquiales. Normalmente, cuando comenzamos a trabajar formalmente en una Parroquia o agencia diocesana, se nos ofrece un manual que marca los lineamientos laborales de la Diócesis o de la Parroquia. Es muy importante estar familiarizado con estas directrices, las cuales siempre incluirán derechos y responsabilidades. En este país existen derechos que se respetan formal y legalmente para todo trabajador. Estos derechos protegen al trabajador de cualquier tipo de abuso, discriminación o manipulación. Las guías diocesanas y parroquiales, nos darán una clara descripción de nuestras responsabilidades profesionales, éticas y muchas veces morales como empleados de una organización católica romana.

Muchas Parroquias tienen un departamento de Recursos Humanos, el cual debe estar siempre accesible para consultas, preguntas o reportes. Si la Parroquia no cuenta con un departamento de Recursos Humanos (*Human Resources* en inglés, el cual es conocido normalmente como HR), la Diócesis lo debe tener. Este departamento tiene un director, quien debe ofrecer constantemente educación e información básica de la ley civil en sus aplicaciones ministeriales. Las Diócesis siempre cuentan con abogados disponibles para consultas. Es claro que la mayoría de las veces debemos pagar por un servicio legal profesional. Finalmente, la oficina o el encargado de Recursos Humanos también está a disposición de todo empleado y voluntario parroquial, para ofrecer ayuda en caso de emergencia. Una regla básica para todo voluntario o empleado ministerial es saber a dónde dirigirse y a quién preguntar en caso de duda. Estos lineamientos legales diocesanos y parroquiales son sumamente serios y debemos acatarlos si queremos servir éticamente en la Iglesia de los Estados Unidos de Norteamérica. Cabe mencionar que es igualmente importante aplicar estos principios en cualquier otro país o Diócesis.

PREGUNTAS PARA LA REFLEXIÓN

+ ¿Cuál ha sido tu experiencia de formación a nivel parroquial, diocesano y profesional?

+ ¿Qué impacto ha tenido tu formación actual y tu conocimiento de las Escrituras (o la falta del mismo), en tu servicio o ministerio como laico?

+ ¿Qué programas de evangelización, catequesis básica para adultos, teología y grados académicos diseñados para el ministerio existen en tu Diócesis?

CAPITULO 7

LA IMPORTANCIA DE LA COMUNICACIÓN

Los seres humanos somos seres sociales. Esto significa que somos cada vez más humanos cuando nos relacionamos sanamente con los demás. ¿Cuáles son los elementos esenciales para tener buenas relaciones humanas? ¿Por qué es importante para todo ministro laico, el saber relacionarse sanamente? ¿Cómo podemos realmente ser y construir la Iglesia como verdadera comunidad? Muchas veces damos por entendido que los servidores parroquiales naturalmente se saben relacionar. Sin embargo, la experiencia pastoral de muchos podría decir lo contrario. El problema más común, a lo largo de mi experiencia pastoral, ha sido el de presenciar o escuchar conflictos interpersonales. Basta con estar en algún consejo pastoral o en algún comité diocesano, para ser testigo de lo que les menciono. Más aún, estoy seguro de que todos aquellos que pertenecen y participan en una comunidad parroquial, han presenciado conflictos entre las diferentes organizaciones y movimientos dentro de la Parroquia. Ahora bien, no hay por qué sorprenderse. El mismo San Pablo regañaba a sus comunidades diciendo que muchas veces se comportaban como niños y, por lo tanto, fomentaban divisiones. Los conflictos interpersonales han sido una realidad desde el comienzo de la historia humana y de la historia de la Iglesia. ¡Sólo vean los diálogos "amigables" que tuvieron Pablo y Pedro en el libro de los Hechos de los Apóstoles!

Una de las claves para toda buena relación humana, de pareja y ministerial, es la comunicación. El saber comunicarse bien ayuda a fomentar conexiones humanas y sociales. En mi práctica como terapeuta, uno de los problemas más comunes entre las parejas es la falta o la pobreza en la comunicación. El mismo problema podemos observar entre algunos sacerdotes, comunidades religiosas, catequistas, educadores y agentes pastorales. Es decir, se trata de un conflicto universal. Veamos algunas guías básicas para una buena comunicación.

Diferentes formas de comunicación

El primer punto importante a tener en cuenta es que existen diferentes formas de comunicación. Muchos habrán ya escuchado que gran parte de nuestra comunicación no es verbal. Por lo tanto, veamos cuáles son algunas de las formas de comunicación más comunes:

Comunicación verbal: esta forma de comunicación es el medio que utilizamos cuando hablamos oralmente con los demás. Está basada en las palabras que utilizamos al hablar con alguien. Hay personas que se comunican de forma más directa y otras que prefieren dar "rodeos" para llegar al punto que quieren comunicar.

Comunicación vocal: aquí no se trata sólo de palabras y del contexto en el que las utilizamos. Entra en juego también la entonación, el volumen y la velocidad con las cuales expresamos nuestras palabras. Más aún, cuenta también el tipo de "energía" que comunicamos a través del sonido de nuestras palabras. ("Energía de amor", positiva y constructiva o "energía negativa", que divide, envenena y destruye).

Comunicación corporal: la cultura influye mucho en la importancia del espacio corporal. La cultura latina tiene una distancia menor, en su espacio corporal, que muchas de las culturas anglo-sajonas. Es decir, los latinos nos comunicamos naturalmente con el beso y el abrazo. La posición de nuestro cuerpo y la expresión facial también manifiestan un significado. Si nos acercamos a la persona o nos alejamos de ella, si cruzamos los brazos o endurecemos el rostro, etc.

Comunicación escrita: hoy en día, este es quizás el medio por el cual nos comunicamos más frecuentemente. Lo hacemos a través del correo electrónico, de los mensajes de texto, por *Facebook* y por *Twitter*. El Internet ha marcado ya una revolución social. En muchas de las Diócesis y Parroquias, este es el medio más utilizado para comunicarse. Para muchos latinos este medio resulta muy informal o no les gusta responder a estos mensajes. Pero en esta cultura es muy importante que lo hagamos pues, de lo contrario, podrá ser percibido como una falta de responsabilidad y de respeto.

Saber escuchar

Quizá una habilidad o técnica que todo ministro religioso debería estudiar, sea laico u ordenado, es la habilidad de saber escuchar. El hecho de hacer silencio para que la comunicación no sea un monólogo en vez de un diálogo e intentar escuchar atentamente, es realmente un acto de amor. Son innumerables las ocasiones en que las personas que acuden a terapia me dicen que lo que más les ha ayudado es el hecho de que yo las escuchara. Lo único que desea muchísima gente es tener a alguien que la escuche. Sin embargo, muchas veces la Iglesia jerárquica y también nosotros, queremos dar respuestas antes de escuchar realmente las preguntas y el dolor de quien nos visita. Basta con que lean el catecismo de la Iglesia a lo largo de los siglos. ¡Siempre tenemos respuestas!

Ciertas características hacen que nuestra forma de escuchar beneficie y no obstaculice la relación y la comunicación. Estas características relacionales provienen de un gran psicólogo llamado Carl Rogers. Él estudió a fondo qué es lo que hace que una relación ayude (sea terapéutica o no). Estos principios, creo yo, pueden ser utilizados y encajan perfectamente con nuestra tradición cristiana. Son los siguientes: 1) La empatía. 2) La aceptación incondicional. 3) La congruencia o autenticidad. (Rogers tiene otros tres principios pero para nuestro tema estos tres son suficientes).

En forma muy sencilla y general vamos a examinar estas tres cualidades o virtudes. La empatía busca tener, fomentar o encontrar, dentro de nosotros, sentimientos auténticos y voluntad firme de cuidado, afecto y compasión por aquel que nos está hablando. Es crear, de alguna forma, un ambiente cálido y seguro para que quien se abre pueda ser escuchado. Y ¿dónde podemos encontrar la fuerza para esta virtud? Si creemos que el Espíritu de Amor habita dentro de nosotros, tenemos que encontrar formas para conectarnos con Él y así, el Amor del Espíritu puede fluir a través de nosotros y ayudarnos a escuchar mejor.

La aceptación incondicional es la auténtica definición del amor cristiano (ágape). Es el amor de Dios que nos ama y acepta incondicionalmente. Este tipo de aceptación no necesariamente llega sin dificultad y dolor. Cuesta mucho. La mayoría de las veces es un auténtico sacrificio de nuestro yo y de nuestras opiniones y respuestas. Aceptar al otro es, de alguna forma, tratar de percibir la realidad a través de los ojos, experiencia y mente de aquel que nos habla. Esta virtud está íntimamente relacionada con la empatía. Si vemos la actitud de Jesús a lo largo de toda su vida con aquellos que se le acercaban, heridos y rechazados por la sociedad, veremos que siempre fue la de una aceptación incondicional. Jesús recibe al humano en su fragilidad humana, lo acoge y de esta manera lo sana.

La tercera cualidad, la congruencia, está muy relacionada con la auténtica humildad cristiana. La humildad no consiste en sentirse menos que los demás o pensar que no tenemos valor (esto es falsa humildad). La humildad cristiana es, simplemente, la verdad. La verdad de lo que somos y de lo que no somos. Es ser transparente y auténtico en nuestro escuchar, hablar y relacionar. Como toda virtud, lleva toda una vida el perfeccionarla (más bien, no la perfeccionamos nosotros, sino que toda virtud más que un esfuerzo es una gracia y un regalo de Dios). Dios, a través de nuestros fracasos y limitaciones, nos muestra que no somos más que nadie (pero tampoco menos que nadie). Somos simplemente humanos, vasijas de barro, como dice Pablo, por donde el amor y la gracia de Dios a veces fluyen libremente. Qué importante es no tratar de fingir una suprema piedad religiosa o una cara de supuesta santidad. No hay nada que afecte más una relación que la falsedad. Los únicos con quienes, al parecer, Jesús tuvo dificultad en relacionarse fue con los supuestos líderes políticos, religiosos y empresariales; a ellos los llamó "sepulcros blanqueados" limpios por fuera pero falsos por dentro, o sea, hipócritas.

Dificultades en la comunicación

La falta de práctica en la empatía, aceptación incondicional y autenticidad, crean muchas dificultades para una verdadera comunicación. Cuando esta comunicación es entre iguales, compañeros de trabajo o miembros de la comunidad, implica al menos dos partes. Podemos hacer únicamente lo que a nosotros corresponde, pero a veces no sólo es posible sino incluso frecuente, que la otra parte no quiera escuchar, de manera que la comunicación se rompe.

Existen otras dificultades en la comunicación. Dos de las más frecuentes son las que llamamos: "hacerse la víctima" y buscar "chivos expiatorios". El hacerse la víctima es algo que todos conocemos. Se trata de una acción manipuladora por la que alguien busca que el otro sienta tristeza o culpa por la dificultad que se está viviendo. Se expresa en frases como: "a nuestra organización nunca la invitan a participar en servicios importantes", o "a nosotros, los hispanos, siempre nos hacen a un lado". Cuando alguien utiliza las palabras "siempre" o "nunca", normalmente está exagerando.

Buscar chivos expiatorios consiste en estar buscando, en toda ocasión, alguien a quien echarle la culpa por las dificultades y problemas. Este mecanismo inmaduro se manifiesta claramente en la narración de la creación. En el libro del Génesis, Adán culpa a Eva y Eva culpa a la serpiente. La falta de madurez impide que asuman la responsabilidad por sus sentimientos y acciones. Buscar culpables es un recurso común de toda nación y grupo en el poder para explicar sus fallas. Muchas veces es causa de guerras y muertes innecesarias.

Podríamos enumerar muchas más dificultades en la comunicación. Basta con mencionar otras que frecuentemente encontramos en el ministerio o entre miembros de una comunidad. ¡Qué difícil es, por ejemplo, comunicarse con personas que piensan que siempre tienen la razón y que nunca están mal! También resulta complicado comunicarse con personas sumamente rígidas en sus criterios y su teología; o con personas que no tienen sentido de historia y son sumamente fundamentalistas en su comprensión de la Escritura o de las exhortaciones eclesiales. Estos son los amantes de la "ley", que se olvidan que la misericordia es primero. Son también aquellos que cuidan el "templo", pero se olvidan de las viudas, los extranjeros y los pobres, como dirían Jeremías e Isaías. En fin, podríamos escribir capítulos sobre la comunicación. Sin embargo, el propósito de esta sección es enfocarnos en la importancia de aprender a relacionarnos sanamente. Vale la pena aprender a escuchar y expresar en el amor y la verdad lo que uno siente y piensa.

La falta del cuidado integral de nuestra persona puede también ser una limitante en nuestra capacidad para relacionarnos. Cuando estamos muy cansados, es más frecuente estar irritables e impacientes. Cuando tenemos hambre o estamos enfermos, es más difícil darnos el tiempo para escuchar. Cuando no estamos bien conectados con nuestro verdadero yo y con Cristo, que vive en nosotros, es más fácil actuar según la carne y bajo el influjo del ego. El descanso y el ejercicio, créanlo o no, nos ayudan a relacionarnos y comunicarnos sanamente.

Finalmente, quisiera agregar que en mi experiencia clínica y pastoral, las personas que mejor saben escuchar y comunicarse son aquellas que han aprendido a darse el tiempo y a hacer silencio para contemplar a Dios y a la creación. Es decir, la gente que realmente dedica tiempo a meditar y orar, la que sabe hacer silencio. Aquellos de nosotros que no nos sentimos a gusto en la naturaleza, en la soledad y en el silencio, seremos los que tendremos más dificultad para aprender a escuchar.

+ ¿Cómo afecta a tu ministerio laico la buena o mala comunicación?

+ ¿Qué prácticas específicas te pueden llevar a una comunicación más efectiva?

+ Describe las tres características que el psicólogo Rogers recomienda para una buena comunicación y que retomamos en este capítulo. ¿Cómo puedes integrarlas en tu propio estilo de comunicación?

Conclusión

El llamado al servicio es universal. Somos pocos los que lo escuchamos porque las voces del mundo son demasiado atractivas. Nos dicen que lo importante es nuestro prestigio, nuestra apariencia, nuestras posesiones y nuestro querer. Es difícil no seguir esas voces. Las escuchamos en televisión, en la radio y en las tiendas que frecuentamos. La mayoría de nuestros conocidos nos confrontan con mejor ropa, mejor apariencia y una aparente mayor diversión. Aun así, la voz de Dios llama y una luz ilumina nuestra razón. Esa voz, esa luz nos dicen: "No te dejes engañar, todo eso es sólo una ilusión pasajera". ¿Cómo mantener esta nueva intuición? ¿Cómo creer que hay algo mayor o mejor que lo que el mundo ofrece? Solo aquellos que de alguna forma han sido tocados por una gracia inmerecida, pueden ver que existe algo más en la vida.

Recuerdo un canto que escuché hace años. Decía algo así: no sé cómo explicártelo, no sé cómo decírtelo; tal vez cuando el fuego te toque entenderás y cuando el fuego te toque comprenderás. Si tú has sido tocado por este fuego inexplicable, sabes a lo que me refiero. Y si acaso no te ha tocado, búscalo y lo encontrarás. Porque el agua busca al que está sediento, como dice el poeta musulmán Rumi. Dios te está buscando y si estás leyendo estas letras quizá ya te ha encontrado. Escúchalo.

Sólo debes tener cuidado, porque este llamado es tan cierto y tan poderoso que puede llevarte a olvidar tu primera vocación.

Para la mayoría de los laicos, el primer llamado es siempre hacia la familia. Tu esposa o esposo, es tu primera vocación. Tus hijos, si es que Dios te ha dado ese regalo, son Cristo para ti. El amor de Dios tiene que manifestarse primeramente en aquellos que Él mismo ha puesto en tu camino. Es fácil buscar a Dios en el cielo, pero es más importante encontrarlo aquí en la tierra. Dios se muestra en tu vida. Tu vida familiar es tu primera vocación. Ese es tu primer llamado como laico en el servicio de Dios. Quienes descuidan a la familia por "Dios y las cosas de Dios" aún no han vislumbrado que Dios está en el presente. Dios está en tu realidad, en tu vida cotidiana, en tu vida ordinaria, en el cuidado de tu familia. No busques a Dios en el cielo, encuéntralo frente a ti. "Dios es amor: el que permanece en el amor permanece en Dios y Dios en él" (1 Juan 4:8).

Las contradicciones en el ministerio

Habiendo encontrado al amor de nuestros amores, o mejor dicho, habiendo dejado que el Amor nos encontrara, toda nuestra vida cambia. Vemos con ojos nuevos. Los valores que teníamos resultan relativos o como decía san Pablo, "todo lo considero como basura" (Filipenses 3:8). La frase es fuerte, pero acertada. Aquello que antes valoramos como esencial ahora sólo es una fantasía ilusoria. El querer parecer más atractivos, más inteligentes, más santos, es únicamente la sombra de nuestro ego inseguro y frágil. El querer disfrazar nuestra belleza con monedas, títulos, autos y ropa, es sólo una señal de nuestro falso yo queriendo decir que existe. El querer dominar a otros y buscar sólo nuestro interés y nuestro gusto, únicamente manifiesta la pobreza de nuestro ego (la carne) que aún no ha encontrado la verdad. Todos nosotros sufrimos de esta debilidad. Y aun así, Dios nos quiere y nos llama. ¿Cómo comprendemos este amor?

Ya lo decía Pablo: "Los pecadores, de los cuales soy yo el primero" (1 Tim 1:15). O también, como confesamos los católicos al comenzar la misa: "Yo confieso ante Dios, y ante ustedes hermanos que he pecado… de pensamiento, palabra, obra y omisión". Todos nos presentamos ante Dios como humanos rotos y heridos, pobres en el amor y culpables de nuestro egoísmo. Y aun así ¡Dios nos ama! Dios nos llama y quiere que seamos portadores de su amor. Según el gran autor místico americano Henry Nouwen, somos médicos heridos ("*wounded healers*"), humanos que sanan a otros sin estar aún completamente sanados. Por lo tanto nosotros, jarras de barro, llenos de contradicciones como Pablo (cfr. Romanos 7), somos llamados al ministerio y a la construcción del Reino de Dios.

Por lo tanto, no esperes llegar a ser una mujer u hombre perfectamente integrado antes de entregarte al servicio. No esperes llegar a ser santa o santo, pues de hacerlo, nunca te entregarás. Resulta muy claro, para todos aquellos que hemos llegado a ser de utilidad en el ministerio, que todo es un regalo. Todo es don y Dios utiliza a quien Él quiere, muchas veces, independientemente de su vida religiosa, moral o ética. ¡Increíble! Pero sabemos también que no existe ministerio más poderoso que ser testimonio con nuestra propia vida y dejar así fluir el amor Trinitario de Dios a través de nosotros.

Como todo en la vida, es necesario correr riesgos y ser valientes. No temer, como nos dice Jesús, y estar disponibles para que Dios nos utilice. Para todos aquellos que ya están sirviendo en algún ministerio, ¡muchas felicidades! Dios está sumamente agradecido con tu entrega y servicio. Muchas veces veremos los frutos de nuestra entrega, otras muchas veces no. Eso no es lo importante. Lo importante es intentar ser fiel al llamado y dar lo mejor de nosotros. Al haber aceptado la invitación de Jesús para servir y haberle dicho que sí, día tras día, estás ayudando a construir un mundo mejor. Eres sembrador y quizás otros cosecharán el fruto de tu servicio. Ánimo pues y sin desfallecer, sigamos adelante en la construcción del Reino del Amor. Pero siempre recuerda que el ministerio y el servicio no son de tu propiedad, son del Señor. Muchos no quieren nunca dejar a otros servir pues se apoderan de un determinado ministerio o posición. Esto no es servicio, es simplemente ego.

Dios está presente a través de todo lo que sucede en nuestra vida. Se nos presenta disfrazado en diferentes momentos a lo largo del camino. Dios nos llama por medio de signos muy claros y visibles como un bello atardecer, las aves del cielo y toda la creación. Dios está en quienes se encuentran frente a ti. La vida está llena de momentos y experiencias que se nos dan como pura gracia y regalo. Esos momentos llegan de vez en cuando y quizá, si eres muy afortunado, los podrás apreciar en todo lo que acontece a tu alrededor. ¿Sabes algo más? Dios está presente, inclusive cuando fallas, cuando pecas y cuando caes. Éstas son las experiencias más formativas para aquel que quiere servir a Dios. Es en nuestra fragilidad cuando más fácilmente encontramos la gracia de Dios. "Pues si me siento débil, entonces es cuando soy fuerte" (2 Cor 12:10) diría Pablo. Y Dios le contesta: "¡Mi mayor fuerza se manifiesta en la debilidad!" Qué gran e increíble contradicción. No es por nuestra virtud que Dios nos utiliza. Más bien, se sirve de nosotros por nuestra pequeñez, "de manera que nadie tiene por qué sentirse orgulloso" (Efesios 2:9), dice Pablo en su carta a los Efesios. El deseo de servir viene de Dios. La capacidad del servicio ministerial también proviene de Él. "Ustedes no me eligieron a mí; he sido yo quien los eligió a ustedes y los preparé para que vayan y den fruto, y ese fruto permanezca", dice el Señor Jesús (Juan 15:16).

UNA NOTA FINAL

En este manual nos hemos enfocado en el ministerio del laico dentro de las estructuras pastorales como son las Diócesis y las Parroquias. Ahora quiero subrayar que normalmente el laico tiene como llamado y vocación primaria la transformación de las estructuras temporales. Es decir, nos corresponde a los laicos el ir impregnando de valores evangélicos, como son el amor, la paz, la no violencia, la misericordia, la fe, la trascendencia y la autenticidad, todas las áreas sociales. En concreto, los laicos debemos tener claro nuestro compromiso en favor de la justicia social.

La justicia social abarca todas las dimensiones humanas, sociales y ecológicas de nuestra existencia. Estas áreas incluyen todo lo que está en favor de la vida, como por ejemplo: la dignidad humana, la protección de los que no han nacido o van a morir, el cuidado de la tierra y de la naturaleza, los derechos del trabajo, salud, vivienda, alimentación y vestido. Debemos ser solidarios con los más débiles de nuestra sociedad y luchar en favor de ellos. Por ejemplo: los niños, los ancianos, los inmigrantes y los enfermos... y la lista podría continuar. Lo importante es que encarnemos nuestra fe y trabajemos no sólo por llegar al cielo, sino por traer el cielo aquí. "Venga tu Reino y hágase tu voluntad aquí en la tierra como en el cielo".

Muchos laicos son felices cuando se les habla del amor de Dios. Pero cuando hablamos de vivir ese amor en el servicio por la justicia social, son bastantes los que dejan de asistir y prefieren continuar adorando a Jesús en vez de seguirlo. Todas las dimensiones de la vida humana deben ser tocadas por la paz y verdad de Jesús, incluyendo la economía, la política, los medios de comunicación y la ecología. Todo esto está comprendido en la enseñanza de la Iglesia y se encuentra en lo que se llama: La Doctrina Social de la Iglesia.

Finalmente, se nos llama a todos los laicos a trabajar por la unión de los cristianos como dice Jesús en Juan 17:21. Sólo así el mundo podrá creer que Jesús es el Salvador. Debemos dejar de compararnos y evitar los insultos entre las varias denominaciones cristianas. Muchas veces, nosotros los católicos tenemos una actitud de superioridad y muy a la defensiva con nuestras hermanas y hermanos cristianos. Debemos abrir los brazos y mostrar el amor con madurez y sin temor. No se trata tanto de defender la fe, sino más bien de proclamarla con humildad y sencillez. Más aún, debemos trabajar por comprender y crear lazos de unidad con las otras religiones del mundo, como dice el documento "Nostra aetate" del Vaticano II (1965). En este documento la Iglesia nos dice oficialmente a los católicos que no sólo debemos respetar a las otras religiones, sino estar dispuestos ¡a aprender de ellas! ¡Qué revelación! ¿No creen? Otras religiones también cuentan con una sabiduría de la cual podemos aprender. El que no lo crea así, padece de una arrogancia enorme o de un narcisismo religioso incura-ble. No todos están preparados o maduros para trabajar en el ecumenismo o en el diálogo interreligioso. Sin embargo, todos debemos estar bien educados en lo que enseña la Iglesia acerca de la unidad de los cristianos y de las otras religiones del mundo. La sabiduría de Dios se muestra de muchas maneras en lo esencial de la naturaleza, del ser humano y de toda auténtica tradición sapiencial. En el fondo de todo se encuentra la belleza, la verdad y el amor. Como decía el Papa Juan XXIII en su encíclica, *Ad Petri Cathedram* ("En la catedra de Pedro"), recordando la frase famosa, "unidad en lo esencial, libertad en lo opinable, caridad en todo".

+ ¿Qué experiencias gozosas y positivas has tenido en el servicio? ¿Experiencias dolorosas y negativas?

+ ¿Qué conocimiento tienes de la Doctrina Social de la Iglesia y qué opinas acerca de la sección sobre la justicia social en este capítulo?

+ ¿Cuáles son las tres áreas de la justicia social que identificas como sumamente importantes en este momento de la historia?

+ ¿Qué opinas sobre el ecumenismo (diálogo entre tradiciones cristianas) y el diálogo interreligioso (con otras religiones del mundo como el Judaísmo, Islam, Budismo, Hinduismo, Religiones Indígenas, Taoísmo)?

Apéndice

Propuesta de los posibles servicios y ministerios que puede ofrecer una Parroquia (tomado de la parroquia de St. Luke en San Antonio, Texas)

COMUNIDAD

Jóvenes adultos

Retiro para parejas

EDUCACIÓN RELIGIOSA

Directora de educación religiosa

Asamblea de oración y formación

Director de educación para adultos

Coordinador de educación religiosa

SERVICIOS Y ORGANIZACIONES

Boy Scouts

Asistente de la oficina

Girl Scouts

Ministerio de jóvenes

Deportes (CYO)

R.I.C.A.

Encuentro matrimonial

Estudio bíblico

Pequeñas comunidades

Evangelización

Grupo de oración

Guadalupanos

Oración contemplativa

Caballeros de Colón

Espiritualidad para varones
Enriquecimiento para madres
Tercera edad
Grupo de mujeres
Jóvenes profesionales

LITURGIA
Funerales
Adoración
Acólitos
Ministros de la Comunión
Música
Lectores
Sacristán
Rosarios

JUSTICIA SOCIAL
Hospitalidad
Cárceles
Salud médica
Consultoría
"Sin techo"
Habitat para la humanidad
Hospitales
Alimentación
St. Vicente de Paul
Comité de acción social
Comunicación
Respeto a la vida

ADMINISTRACIÓN

Director de finanzas
Mantenimiento
Asistentes de oficina
Recursos Humanos
Construcción

MATERIAL COMPLEMENTARIO

Baltimore Catechism. Third Plenary Council of Baltimore 1891.

Buber, Martin. *I Thou"*, Translated by Ronald Gregor Smith. New York: Charles Scribner's Sons, 1958.

Berry, Thomas. *The Great Work-Our Way into the Future*. New York: Bell Tower, 2000.

Cabrera de Armida, Concepción. *Diario espiritual de una madre de familia*. Philipon, Marie-Michel, (Ed. Lit.). 1ª Ed. Editorial Ciudad Nueva, 1999.

Catecismo de la Iglesia Católica. Librería Editrice Vaticana, 1992.

Catecismo de Ripalda (1616). *Catecismo de la Doctrina Cristiana*. Edición de 1957

Censo de los Estados Unidos (2010)., http://2010.census.gov/2010census

Chardin, Teihard de. *The Phenomenon of Man*. London, UK: Wm. Collins and Sons & Co, 1959.

D' Arcy, Paula (2002). *The Gift of the Red Bird-The Story of a Divine Encounter,* New York: The Crossroad Publishing Company, 2002.

Ecclesiae de Mysterio (1997), *Instruction on Certain Questions Regarding the Collaboration of the Non-Ordained Faithful in the Sacred Ministry of Priests,* Congregation for the Doctrine of the Faith and other Vatican dicasteries.

Finley, James. *Path to the Palace of Nowhere*. Boulder, Colorado: Sounds True, 2002.

Frankl, Victor. *Man's search for meaning: An introduction to logotherapy* (3rd Ed.). New York: Simon & Schuster, 1984.

Frankl, Victor. *Man's search for ultimate meaning*. New York: Plenum Press, 1997.

Fuller, A. R.. Psychology and religion: Eight points of view. Lanham, MD: University Press of America.

John XXIII. *Ad Petri Cathedram – On Truth, Unity, and Peace,* Libreria Editrice Vaticana, 1959

John Paul II. *Catequesis Tradendae- Sobre la Catequesis en Nuestro Tiempo,* Libreria Editrice Vaticana, 1979.

John Paul II. *Christifideles Laici – The Vocation and Mission of the Lay Faithful in the Church and in the World"*, Libreria Editrice Vaticana, 1988.

John Paul II. *Redemptoris Missio- On the Permanent Validity of the Church's Missionary Mandate,* Libreria Editrice Vaticana, 1990.

Jung, Carl. G. *Psychology and Western religion.* New Jersey: University Press, 1984.

Keating, Thomas. *Mente abierta, corazón abierto- La dimensión contemplativa del Evangelio,* London: The Continuum International Publishing Group Inc., 2001.

"Lay Ecclesial Ministry" Co-Workers.org, The National Association for Lay Ministry, Washington, DC

Maslow, A. *Religions, values, and peak experiences.* New York: The Viking Press, 1970.

Mexican American Catholic College, (MACC). 3155 W. Ashby Place, P.O. Box 28185, macc@maccsa.org

Medellín (1968). Documentos finales de Medellín. *Medellín: Segunda Conferencia General del Episcopado Latinoamericano.*

Merton, Thomas (1947, 1976). *Seven Stories Mountain,* The Trustees of the Merton Legacy Trust, Orlando, Florida

Navarro, Alfonso (1985). *Parroquia evangelizadora- Sistema integral de la Nueva Evangelización.* México, DF: SINE, 1985.

Nouwen, Henri. *The Wounded Healer.* New York: Random House, 1979.

Pablo VI. Exhortación Apostólica, *Evangelii Nuntiandi- Al episcopado, al clero y a los fieles de toda la Iglesia acerca de la evangelización en el mundo contemporáneo.* Libreria Editrice Vaticana, 1975.

Puebla (1979), *Evangelización en el presente y en el futuro de América Latina.* Documento de Puebla. Puebla, México.

Ramírez, Antonio. Disertación: *An Investigation between the relationship between Psychological Well-Being and Spiritual Well-Being among Mexican-American Catholics.* San Antonio, Texas: St. Mary's University, 2005.

Rogers, Carl. *On Becoming a Person*. New York: Houghton Mifflin Company, 1961.

Rohr, Richard (2011). *Encuentros maravillosos- Sagrada Escritura para Cuaresma*. Cincinnati, OH: St. Anthony Messenger Press, 2011.

Rohr, Richard (2009). *The Naked Now- Learning to See as the Mystics See*. New York: Crossroad, 2009.

Rolheiser, Ron. *The Holy Longing*. New York: Doubleday, 1999.

Rumi. *The Essential Rumi*. New York: Coleman Barks, 1995.

Sistema integral de la Nueva Evangelización (SINE) Oficina del SINE Central, Av. Unidad Modelo 166, Col. Unidad Modelo – Iztapalapa – México, D.F., 09089. http://www.sinecentral.org/

Sistema integral de la Nueva Evangelización – SINE Nacional Office, 225 Northwind Dr., El Paso, Texas 79912 raulh_navarro@yahoo.com

Teresa de Jesús. *The collected works of St. Teresa of Avila* / translated by Kieran Kavanaugh and Otilio Rodríguez. Washington: Institute of Carmelite Studies, 1976, 1987 3v.

Treviño, J.G. *El Padre Félix de Jesús Rougier: Semblanza biográfica*. Mexico, D.F.: La Cruz, 1953.

United States Conference of Catholic Bishops: Diversidad cultural en la Iglesia- Asuntos hispanos, pagina Web: http://www.usccb.org/hispanicaffairs/indexsp.shtml

Vatican II. *Declaration on the Relation of the Church to Non-Christian Religions*, Libreria Editrice Vaticana, 1965.

Vatican II. Decree *Ad Gentes - On the Mission Activitiy of the Church*, Libreria Editrice Vaticana, 1965.

Yalom, I. *Existential psychotherapy*. New York: Basic Books, 1980.

Documentos de los Obispos de los Estados Unidos (Washington, D.C.: USCCB Publishing):

Co-Workers in the Vineyard of the Lord: A Resource for Guiding the Development of Lay Ecclesial Ministry (2005) (Bilingue).

Lay Ecclesial Ministry: The State of the Questions (1999)

Called and Gifted for the Third Millennium (1995)

The United States Conference of Catholic Bishops Commission on Certification and Accreditation (USCCB/CCA) has approved National Certification Standards for Lay Ecclesial Ministers. These standards were developed by the The National Association for Lay Ministry (NALM), National Conference for Catechetical Leadership (NCCL) and the National Federation for Catholic Youth Ministry (NFCYM). The document is available in a bi-lingual edition from any of these groups. The ISBN is 0-9712975-6-8. (Bilingüe)

Lay Ministry Resources (2000)- Materials prepared by the Subcommittee on Lay Ministry for the 2000 Jubilee Day for Lay Ministers

CPSIA information can be obtained
at www.ICGtesting.com
Printed in the USA
LVOW03s1914170517
534798LV00002B/3/P

9 780764 820489